U0137613

# 八閩物語

福建不可移动文物精粹

傅柒生 主编

福建省文物局 出品

福建画报社 编制

海峡出版发行集团
THE STRAITS PUBLISHING & DIBLISHING GROUP | 海峡书局

**图书在版编目（CIP）数据**

八闽物语：福建不可移动文物精粹 / 傅柒生主编
—— 福州：海峡书局，2022.12
ISBN 978-7-5567-1030-0

Ⅰ.①八… Ⅱ.①傅… Ⅲ.①文化遗产－介绍－福建
Ⅳ.① G127.57

中国版本图书馆 CIP 数据核字 (2022) 第 249733 号

# 八闽物语
## 福建不可移动文物精粹

傅柒生　主编

出　　品：福建省文物局
编　　制：福建画报社
责任编辑：赖小兵 辛丽霞
出版发行：海峡出版发行集团 海峡书局
地　　址：福州市东水路 76 号出版中心 12 层
邮　　编：350001
印　　刷：深圳市德信美印刷有限公司
开　　本：889 毫米 x1194 毫米　1/16
印　　张：23.5
字　　数：299 千字
版　　次：2022 年 12 月第 1 版
印　　次：2022 年 12 月第 1 次印刷
书　　号：978-7-5567-1030-0
定　　价：328 元

## 《八闽物语》编委会

主　　任：傅柒生
副 主 任：谢　平　　林文珍　　赖小兵
编　　委：陈方昌　　何经平　　鄢震凌　　蔡靖杰
编　　务：张祖城
责任编辑：辛丽霞


## 《八闽物语——福建不可移动文物精粹》编辑部

主　　编：傅柒生
编　　辑：何经平　　张祖城　　赖小兵
撰　　稿：傅柒生　　陈兆善　　楼建龙　　张金德　　王永平　　赖文燕
　　　　　张　涛
责任编辑：辛丽霞
图片编辑：朱晨辉
编辑助理：倪舒扬
设　　计：夏　燕
制　　图：陈　琳
封面摄影：陈成才
辑封摄影：苏有宝　　邱汝泉　　成冬冬　　王鲁闽　　朱晨辉
摄影助理：严　硕　　林晨歌

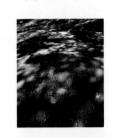

为传达特定思想意识的而利用岩石雕刻的图画、纹饰、文字或立体形象，它们在性质、形式、功能上似不相关，但作为一种关于石头的伟大技艺，一种关于雕刻的非凡艺术，一种关于思想的不朽记录，它们是一致的。

福建，位于中国东南沿海，是最早遭受外来侵略、殖民压迫较为严重的地区之一，也是近代民族企业发展较快、接受外来思想文化较早的区域，可以说是中国近现代史的缩影。这也奠定了福建省的近现代历史遗迹中西合璧、富于侨乡文化的典型特色。

福建有着光荣的革命斗争传统，在革命战争年代留下了许多光辉的足迹，这些足迹在述说着福建为中国革命的胜利作出的重大贡献。

古墓葬是最能吸引普通大众眼光的不可移动文物之一。人们习惯于认为它隐藏着未知的秘密，又因其常出土许多完整而精美的随葬品，易激起人们的猎奇心理和一窥究竟的欲望。

往事越过千年，福建的各类古代建筑经历沧桑而留存至今，因其数量之稀少而堪称凤毛麟角，更因其所蕴含的岁月印记而倍显珍贵，也促使我们去认真地观察比较、分析研究，获知这些古代建筑的分布规律与工艺特征，以及反映于其中的社会发展的真实印迹。

八闽大地，山高水长，人文与自然自古互动。遗址考古表明，福建历史，与山水攸关，与海洋相连，与江南和中原文化相通，有地域的特色和丰富的内涵。古遗址是福建历史文化的一面镜子，也是揭示福建文明起源和历史发展的关键一环。

# 前言

人事有代谢，往来成古今。
江山留胜迹，我辈复登临。
水落鱼梁浅，天寒梦泽深。
羊公碑尚在，读罢泪沾襟。

唐代孟浩然《与诸子登岘山》诗中吟咏的江山胜迹、羊公碑刻……印记了厚重的历史沧桑，积淀为宝贵的文化遗产，化作唐诗宋词的文物墨迹与文人心声。

文章千古事，文物万载情。人类在社会活动中积累和遗留下来的具有历史、艺术、科学价值和启迪教育意义的遗迹和遗物，作为有形可见的物质存在，构建为人们津津乐道经久不息的话题对象——文物。不同的时代和境况，不同的表达和涵盖，文物亦然，但不外乎主要包涵可移动文物和不可移动文物两大类。联合国教科文组织（UNESCO）把文物称作为"文化财产（Cultural Property）"或者"文化遗产（Cultural Heritage）"，放在当下中国的语境下，后者似乎更易被接受，也似乎更多倾向于贴切指代不可移动文物，正如人们熟悉的词汇"文物古迹"。

有道是文物鼎盛，其实意指一地一域一朝一代的社会经济文化发展繁荣兴盛，是历史情景的有形见证和文化高度的典型标识，直观且真实。如此而言，以不可移动文物而论，地处东南一隅的福建似乎当被重新认识，甚至堪担"刮目相看"。拥山揽岳、背山而立，派江吻海、向海而生，独特的自然地理环境，独立的生活人文姿态，孕育富集了瑰丽多彩的文化遗产，成为福建"根"之所系，"魂"之所依，也成为八闽大地的历史标识和精神符号。数字足以证明福建是一个历史悠久、人文鼎盛的省份，文化多元、文明多样、文物多种。截至当前，福建全省共登记不可移动文物 33251 处，位列全国第十位，其中，全国重点文物保护单位 169 处，省级文物保护单位 942 处，县（区、市）级文物保护单位 5100 余处。以文物实证历史评判价值的世界文化遗产和以文物资源丰富为重要内涵的中国历史文化名城名镇名村，福建亦可圈可点。福建榜上有名的世界遗产 5 处，仅次于北京，其中世界文化遗产 4 处，还有 4 座国家级历史文化名城，更有众多中国历史文化名镇名村和传统村落，文化遗产星罗棋布。

八闽文化，精粹物语。尔今，倚借《八闽物语——福建不可移动文物精粹》一书，通过对福建不可移动文物的系统梳理和深入研究，可以让读者渐渐勾勒清晰的历史时光轮廓，带走丝丝留痕的文化标识印记。

《文物保护法》将不可移动文物分为古遗址、古墓葬、古建筑、石窟寺和石刻、近现代重要史迹等类。《八闽物语——福建不可移动文物精粹》一书不是一味地循规蹈矩，而是突出特色着眼福建实际，列出六个篇章分别介绍了福建的古遗址、古墓葬、古建筑、石窟寺及石刻、近现代史迹、革命遗址等不同形式的不可移动文物。

《八闽物语——福建不可移动文物精粹》开篇为古遗址篇，名曰"古迹怀远"，自有诗意。八闽大地，山高水长，江河溪涧遗留下数量众多、类型丰富的古遗址，有如旧石器时代的清流狐狸洞、三明万寿岩遗址，新石器时代的奇和洞、壳丘头、昙石山、牛鼻山和黄瓜山等遗址，宋元以降的青釉、白釉、黑釉等瓷器窑址，明清时期的海防遗址与城墙遗址等，星罗棋布，不一而足，总计超过 5110 处，占全省不可移动文物总数的 15% 以上。

福建是海上丝绸之路的重要区域，泉州港最具代表，这个曾与埃及亚历山大港齐名的"东方第一大港"，不愧是"宋元中国的世界海洋商贸中心"。海丝之路也是陶瓷之路、茶叶之路，暂且不论天下皆知的武夷山大红袍，只论建瓯的北苑贡茶，宋徽宗曾盛赞北苑贡茶"名冠天下"，蔡襄等众多名人的齐推共介，曾一度涌现出中国茶文化的高光时刻，北苑御焙遗址及茶事题刻就如此真实地确证了北苑贡茶的辉煌历史。平潭海坛海峡等水下遗址的调查与考古发现，为海上丝绸之路的研究与保护增光添彩，更使福建在中国水下考古界鹤立鸡群。

《八闽物语——福建不可移动文物精粹》古墓葬篇"彼岸烟尘"，虽不见寒碜之惧，亦未有北芒垒垒，但墓葬出土的文物足以见证福建古代文明成就和历史价值，更可从中揭示古代闽人"视死如生"的生活习惯与精神信仰，如新石器时代晚期昙石山文化、牛鼻山文化和青铜时代黄土仑文化、白主段文化的墓葬就有鲜明特色；武夷山崖墓船形悬棺虽然还有些谜团未解，却从侧面印证了当时人们"山行水处""习于用舟，便于水斗"的生活状况；汉城牛头山、蛇山、渡头和福州益凤山汉墓反映了闽越国贵族埋葬习俗的宏大气魄；五代十国闽国王刘华墓出土的孔雀蓝釉陶瓶，产自波斯也就是现在的阿拉伯国家沿线国家，距今有一千多年了，它证实了从唐代起福州港贸易的兴盛。

风雨沧桑故旧成往事，囿于历史和地理的原因，福建的古代建筑留存至今的并不多，因而倍显珍贵，如福州的华林寺大殿，创建于宋乾德二年（964），是长江以南最古老的木构建筑，是研究唐、宋间古建筑构造及其演变的珍贵实物资料。在《八闽物语——福建不可移动文物精粹》书中，作者以"矗立之美"艺术重现了福建的古建筑。因受地理环境和风俗习惯等诸多因素影响，福建各地的建筑形态既呈现出较大的差异性和多样性，又蕴含着一定的关联性和共同性。福建古建筑中最具特色、最富代表性的无疑首推土楼，被称为"世界建筑之瑰宝"，土楼是特指用夯土墙承重的以四周平衡布局居住且有突出防御功能的群体楼房住宅。土楼之外，还有土堡、庄寨、围垅屋等一系列的防御性民居建筑，凸显出明清时期福建山区的环境艰辛与治安严峻。同样出众的，还有福建的风雨廊桥，如寿宁的鸾峰桥、屏南的千乘桥、武夷山的余庆桥，后者形似《清明上河图》中的汴水虹桥，优美可人。

石窟寺及石刻在我国登记公布的不可移动文物中，尽管总量不多，比例不高，仅占全国三普登记文物总数的 3.19%，福建亦然，全省石窟寺及石刻 1624 处，仅占不可移动文物总数的 4.9%，但保存较好，质量较高，占至福建省全国重点文物保护单位总数的 8.3%。本书作者把福建的石窟寺及石刻形容为"刻在岩石上的福建史记"，恰如其分。福建有岩寺，多布于岩洞、溶洞之中，最典型的莫若福州市永泰县的名山室。石刻文物则主要分布在福建沿海县市及名山大川，特别是唐宋以来社会经济文化较为发达的福州、泉州、漳州、莆田等地区。

自 1840 年以来，与重大历史事件或著名人物有关的以及具有重要纪念意义、教育意义或者史料价值的建（构）筑物及遗址，被定义为近现代重要史迹，福建的近现代重要史迹主要分布在沿海一线的福州（5 处）、泉州（4 处）、厦门（3 处）和漳州（3 处）等地，而南平、三明和龙岩等内陆地区几乎没有，这与革命遗址在福建的分布情况形成了巨大反差。

"共和国是红色的，不能淡化这个颜色。"习近平同志在 2019 年全国"两会"上对福建代表如此深情感叹。福建是著名的老区，

原中央苏区的核心区域，为中国革命的胜利和新中国的成立作出了巨大贡献和牺牲，正如习近平同志又指出，"福建是革命老区，党史事件多、红色资源多、革命先辈多。""三多"之一的红色资源以革命旧址最为显赫，福建西部尤其是龙岩、三明为典型区域的革命旧址最为丰富，也最引人瞩目。朱德曾经感慨"果真是中国命历史的一个转折点"的长汀，曾是赫赫有名的"红色小上海"，革命旧址像星光一样在这个美丽山城闪耀。1929年12月，毛泽东等人领导召开的古田会议锻铸人民军队军魂的古田会议会址；1930年1月，毛泽东在古田赖坊写下《星星之火 可以燎原》的写作旧址；1933年11月，毛泽东三到才溪调查研究，写作《才溪乡调查》旧址和光荣亭。一处处，一座座，无不在默默述说着光荣的福建革命斗争故事，承载着卓越的福建军民功勋印记。

革命文物无疑是福建最鲜明最耀眼的红色IP。2021年以来，福建公布了全省两批革命文物名录，共登记有不可移动革命文物1831处，可移动革命文物143033件（套），数量均居全国前列。全省形成了国家、省、县三级革命文物保护体系。

保护文物功在当代、利在千秋。"文物承载灿烂文明，传承历史文化，维系民族精神，是老祖宗留给我们的宝贵遗产，是加强社会主义精神文明建设的深厚滋养。"习近平同志其实早在福建工作期间就曾发出了如此振聋发聩的警句，"评价一个制度、一种力量是进步还是反动，重要的一点是看它对待历史、文化的态度。"习近平同志不仅高瞻远瞩地认识到文化文物的重要性，而且身体力行地进行积极推动文化遗产保护利用的有益探索和成功实践。

新时代新思想，新征程新使命。加强文物保护利用和文化遗产保护传承的历史使命更显迫切且任重道远，各级党委和政府要增强对历史文物的敬畏之心，本着对历史负责、对人民负责的态度保护好、传承好历史文化遗产，广大的人民群众也应当积极投身于文物保护利用的自觉行动和自愿行为中来，唯知来路，方明去处。

通过《八闽物语——福建不可移动文物精粹》这本书，既可了解文化遗产的丰富性和多样性，又可感受文物图书的可读性和艺术性。图文并茂，虽是传统方式，但仍具魅力，更是文物图书的特色优势，文字的专业解读、图片的多维精选以及装帧的灵动呈现，化作文字律动与器物灵动的心灵与视觉之美，不仅让读者质感触摸福建文化遗产的本来面貌和依旧荣光，而且理性了然福建文化遗产的历史渊薮和人文故事，还可以现实思考文化遗产保护和传承的个中之意与重要价值，无疑将润物细无声般地增强全社会共同保护传承文化遗产的意识与行为，心生对历史文化和文化遗产的尊崇与敬畏，增强文化自信与自强。

《八闽物语——福建不可移动文物精粹》的付梓出版，可圈可点，可喜可贺。

傅柒生

研究员、教授，中国博物馆协会
副理事长、福建省文旅厅副厅长、
省文物局局长、福建博物院院长

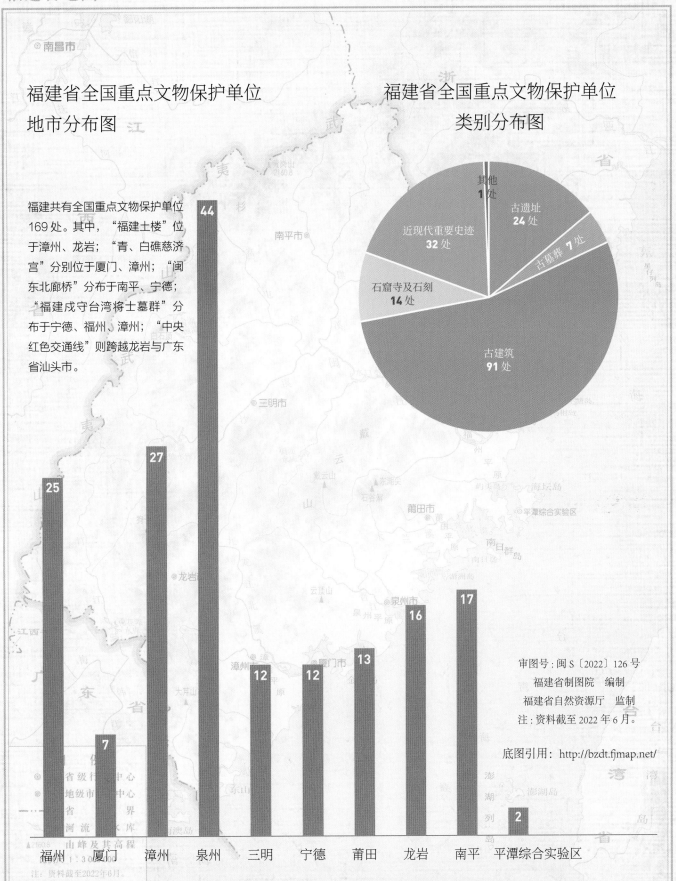

## 福建省全国重点文物保护单位地市分布图

福建共有全国重点文物保护单位169处。其中，"福建土楼"位于漳州、龙岩；"青、白礁慈济宫"分别位于厦门、漳州；"闽东北廊桥"分布于南平、宁德；"福建戍守台湾将士墓群"分布于宁德、福州、漳州；"中央红色交通线"则跨越龙岩与广东省汕头市。

## 福建省全国重点文物保护单位类别分布图

其他 1 处
古遗址 24 处
近现代重要史迹 32 处
古墓葬 7 处
石窟寺及石刻 14 处
古建筑 91 处

福州 25
厦门 7
漳州 27
泉州 44
三明 12
宁德 12
莆田 13
龙岩 16
南平 17
平潭综合实验区 2

审图号：闽S〔2022〕126号
福建省制图院 编制
福建省自然资源厅 监制
注：资料截至2022年6月。

底图引用：http://bzdt.fjmap.net/

# 古迹怀远

## 古遗址篇

壹

# 古迹怀远

文／陈兆善

八闽大地，山高水长，人文与自然自古互动。遗址考古表明，福建历史，与山水攸关，与海洋相连，与江南和中原文化相通，有地域的特色和丰富的内涵。古遗址是福建历史文化的一面镜子，也是揭示福建文明起源和历史发展的重要实证。

福建省第三次全国文物普查工作，登录在册的不可移动文物共计 33251 处，其中古遗址 5110 处（占不可移动文物总数的 15.36%，其中聚落址 3334 处），包括了洞穴址、聚落址、城址、窑址、矿冶、寺庙、书院、古驿道、桥梁、衙署、码头、水下沉船等类别，有些综合性遗址还包含了墓葬和生产工具制造场所。新石器时代至青铜时代遗址以临近江河干流和主要支流沿岸以及山间盆地中凸起或周边丘陵山岗为主要分布规律，隐含着自然对人类文化的制约作用。多数遗址内涵单纯，少部分遗址跨越不同时代。西汉之后，人类的力量不断壮大，改造自然的能力不断提高，各类地面建筑不断涌现，建筑遗址数量剧增，数万至数十万平方米并不罕见，但此类遗址所在地点往往与后代人类活动密集区域相重合，故常被埋没于现代城镇与村庄之下难以发现。历史上，福建各地因应不同需求出现了各种各样的遗址，不同的遗址各有自己的特色。如沿海地带因防御需要有许多海防建筑遗址；城市不断发展，埋藏了城址和各种建筑基址；山区发展经济，出现了大量的制瓷窑址和采矿冶铸等手工业生产遗址；因居住、文化和宗教等活动，留下了寺院道观和书院学堂等遗址；而海上丝绸之路的繁盛，又留下了许多的水下沉船遗址。从各种各样的遗址内涵中，我们看到了福建历史发展的基本脉络及丰富多彩的文化内涵。

旧石器时代洞穴址和旷野遗址共存。宁化老虎洞和清流狐狸洞人类牙齿化石，三明万寿岩动物化石、人类活动痕迹与遗物，都发现于洞穴遗址中。东山人化石和海峡人化石捞取于台湾海峡的波涛之下，原产地不明。三明万寿岩和永安黄衣垄遗址的发现，揭示了福建历史可上溯至 20 万年前。万寿岩船帆洞石铺居住地面呈现了距今 3 万年前人类的创造力，是极为罕见的旧石器时代遗迹，引起中外学者的高度重视。将乐岩仔洞等遗址发现的以熊猫 - 剑齿象为主的南方哺乳动物群，为闽台旧石器时代生态环境的研究提供了重要依据。

新石器时代初期、中期甚至晚期，福建古人类中的一部分仍仰仗自然洞穴，如奇和洞遗址和南山遗址等，仍沿袭了居住洞穴的传统。但大部分古人从新石器中期开始，已经摆脱了过于依靠自然恩赐的传统，通过不断的抗争，最终走出了洞穴，走向更宽阔的天地，从而唤起了八闽大地人类文明的勃勃生机。奇和洞遗址掀开了福建新石器时代的序幕，壳丘头、昙石山、牛鼻山和黄瓜山等遗址构建了福建新石器时代晚期至末期的考古学文化框架和发展序列。壳丘头等沿海贝丘遗址，证明福建人自古就有向海而生的海洋文化基因；福建古遗址与南岛语族的起源证明有千丝万缕的联系；福建土著文化开始与江南崧泽、良渚等文化产生交流。新石器时代人类仍离不开自然食物的赐予，但闽侯昙石山、白头山和明溪南山等遗址浮选发现的炭化水稻谷粒，表明距今 5000 年前后福建已经有了原始种植业，人类在与自然的抗争中逐渐站稳了脚跟，开始改造自然为我所用。光泽馒头山遗址发现多组规则的柱子洞构成的房子遗迹，是福建早期聚落居住形态的生动写照。闽江下游昙石山文化遗址群存在众多的动物骨骼和牙齿，反映了已出现了家猪、家狗的畜养业，人们的生计方式又产生了飞跃的进步。各类精致的陶器以及利用自然材料制作出的石器、贝器、角器和骨器，都呈现了福建新石器时代人们生产技术进步的成果，我们从中看到了古人稳定前行的步伐。连城草营山遗址出土的 5000 年前精细透亮的水晶环，昙石山和黄瓜山的彩陶都让我们对古人的审美意识和工艺水平有了新的认识。

福建青铜时代的历史可用四面八方来形容。古遗址遍布于福建各地，但各县市数量不等，从数处至数百处不等，它们都有一个基本特点，即离不开江河溪涧，但大型聚落遗址仍然罕见。这时期人类的创造力已十分强劲，不可小觑，闽江上下游地区夏商时代印纹硬陶的烧制达到了全国的顶尖水平，有学者认为福建闽江流域是中国生产几何形印纹硬陶的中心；猫耳山窑址发现了国内迄今时代最早的龙窑；永春苦寨坑原始青瓷的出现，将原始青瓷器生产的历史提前到接近 3800 年，两者都是福建陶瓷窑业技术领先于国内的标志。黄土仑文化、白主段文化和浮滨文化（虎林山类型）等三种文化遗址分别铺陈于闽江下游、闽江上游和闽南地区，呈三足鼎立式构成了福建青铜时代早期文化的格局。庵山遗址陶范的发现，确认了商代福建人已能自主铸造青铜器；虎林山类型和黄土仑文化陶器常见刻画符号，反映出古人已具有记录事物或事件的追求，这是思维上的巨大进步；虎林山类型墓葬中出现的二层台、腰坑及璋、钏等文物，与中原始现"闽""七闽"等文献记载相呼应，显示中原文化已经深入八闽腹地，土著人开始融入中华文明大家庭中。漳州虎林山、晋江庵山和建瓯等地出土的商周青铜器，让人们隐约看到了福建文明的曙光。春秋战国时期遗址数量骤然下降，考古人迄今难以理解这一历史时期福建究竟发生了什么。

秦末时无诸率闽中子弟北上佐汉灭秦、助汉击楚，意味着闽越的兴起，闽越国时期是福建历史上呈现的第一个高潮。崇阳溪畔的城村、闽江岸边的冶山出现了两座西汉城址，均距今2000余年。武夷山城村面积48万平方米的城址、周长2896米的夯土城墙、庞大宫殿建筑留下的大型夯土台基，出土的大量铁器、陶器及建筑材料，再现了闽越国的辉煌，让人印象深刻。武夷山汉城与福州冶城遗址发现戳印的文字和瓦当纹饰，反映了与中原文化一脉相承的关系。冶城发现的T形铁锚和连江出土的独木舟，标志着航海时代的到来和福建海上丝绸之路的开端。庄边山遗址还发现了楚式墓葬，是秦汉时期楚文化进入福建的重要线索。

汉末六朝，中原板荡，士族开始南迁闽中大地，带来了先进的文化，促进了福建社会的发展。建安郡和闽中多个县的建制，加强了中央政权与福建地方的联系。政和石屯六朝青瓷窑址的产品，是江南文化影响福建的一个例子，也由此看出闽北陶瓷器的生产提升到了一个新的水平。唐五代时期，建州、福州、泉州、漳州和汀州的陆续建置，大规模的城址不断建造，泉州龙头山遗址考古初步揭示了唐五代泉州城址的面貌。福州屏山地铁工地考古发现的六朝到唐代水井、金斗桥城墙和北大路夹城遗址等，为福州唐五代城市格局的研究提供了很有价值的材料。武夷山分水关、光泽杉关和浦城柘岭关及仙霞关的开通，福建与内陆地区的联系得到极大加强。温麻船屯和甘棠港的名称出现，意味着通往海上丝绸之路的步伐正在加快。将口窑、庵尾山窑和淮安窑等晚唐五代窑址的出现，预示着后期福建窑业高潮的到来。但总体看，六朝隋唐历史时期遗址考古方面还有待继续开发。

宋元时代，随南宋政权迁都临安，福建社会经济蓬勃发展，达到历史顶峰。考古发现和发掘的窑址遍布各县市，青釉、青白釉、黑釉等瓷器异彩纷呈，以建窑系为代表的黑釉瓷名满天下。福建各地窑址中多与海上丝绸之路相关联，许多窑场生产的产品走出国门，销往东亚和东南亚等地区。建窑系黑釉兔毫盏和金彩盏文物深受海外市场的欢迎，陶瓷成为海上丝绸之路的主要贸易商品和水下沉船遗址发现的主要文物。窑址考古几乎占据了福建宋元遗址考古的大部，土与火的艺术彰显了福建作为陶瓷大省的名副其实的地位和本土特色。泉州后渚港发现的宋代沉船文物，连接起了福建与西亚地区经济文化交往的纽带，让人领略了海上丝绸之路上闽地海船的风采，同时也感受到开拓海外市场的航海风险。泉州南外宗正司、府后山、德济门和安溪内坑冶铁遗址等考古发掘材料，为泉州申报世界文化遗产奠定了坚实的基础。莆田林泉院、福清少林院等寺院考古，引来了相当一段时期关于南少林历史的学术争论。五夫屏山书院遗址的勘探，有益于对朱子文化和古代书院文化的研究。唐宋元明的矿冶遗址，是福建古代经济发展非常重要的实证，周宁宝丰银矿遗址对于研究福建社会经济史具有重要价值。

明清时期，海防遗址数量较多，但考古工作缺乏，基本面貌仍然不清。受困于城市建设，城址考古也很贫乏。长汀朝天门城墙遗址的考古，揭示了汀州城墙宋、明、清三代的修造过程；德化甲杯山、漳州东溪窑和南胜窑的考古发掘取得了一些重要收获，为海上丝绸之路增添了不少材料。甲杯山窑址考古发现了极为精美的"猪油白"瓷片，显示了明代德化白瓷的最高水平。水下沉船遗址的调查与发掘收获颇多，已发现百余处水下沉船遗址（含宋元时期）。其中平潭海坛海峡水下遗址的考古受到了国内外的关注，以景德镇窑青花瓷为主的沉船文物重现天下，让世人注目。水下沉船遗址的调查与发掘谱写了福建考古新的篇章，使福建成为中国水下考古的起源地和最重要区域之一，为中国海上丝绸之路的研究增光添彩。

虽然本书选取的是福建省内全国重点文物保护单位的遗址，但有些非国保遗址，也具有非常重要的价值和意义。比如福州冶山一带，地下埋藏着丰富的汉代至明清时期的文化遗存，是西汉闽越国冶城、晋子城和五代闽国宫署等遗存所在地，是福州建城2200周年的重要依据，因客观原因至今未能进入文物保护单位名录。类似的遗址，虽未入国保，但仍闪耀着夺目的光芒。

# ［洞穴遗址］

万寿岩遗址

# 万寿岩遗址

旧石器时代
第五批
三明市三元区岩前镇岩前村

万寿岩遗址为山前盆地中独立陡峭的石灰岩形成的孤立小山。由灵峰洞、船帆洞等3个大洞和4个小洞构成洞穴遗址。其中灵峰洞的文化遗物距今20万年，船帆洞及支洞文化遗物的时代距今3万~1万年。

主要遗物为人类加工的石制品和哺乳动物化石两类，人工遗物共出土石制品800余件，包含了断块、断片、石核、石片、石锤、刮削器、砍砸器、雕刻器、石钻等，另有少量骨角器；哺乳动物化石900多件，有斑鹿、野猪、巨獏、水牛、剑齿象、犀、鬣狗、豪猪、熊、狼、豺等41种动物。此外还发现大量炭屑、烧石、烧骨等。

这些发现，可以初步建立起万寿岩洞穴遗址的文化序列和年代：即从旧石器时代早期至晚期的4个文化层；从中更新世至晚更新世晚期的4个哺乳动物组合，对20万年以来福建生态环境、旧石器洞穴遗址的埋藏规律及人类生活方式的研究都具有重要科学价值。它将福建的历史提前到20万年前，填补了考古学的一大空白，给福建史前考古带来希望，故被评为2000年度全国十大考古新发现。2017年12月列入第三批国家考古遗址公园。2021年10月入选全国考古遗址保护展示优秀项目。

万寿岩遗址远景（万寿岩遗址博物馆 供图）

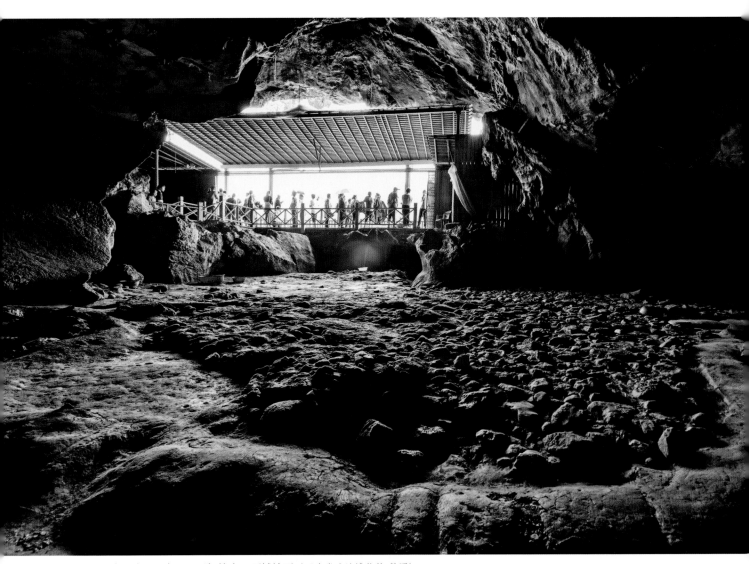

船帆洞内距今3万年～2万年的人工石铺地面（万寿岩遗址博物馆 供图）

部分哺乳动物化石（福建省考古研究院 供图）

万寿岩出土的部分石制品（福建省考古研究院 供图）

排水沟槽（万寿岩遗址博物馆 供图）

万寿岩遗址文化层（万寿岩遗址博物馆 供图）

奇和洞遗址是一处旧石器时代晚期向新石器时代早期过渡的洞穴遗址，也是福建省已发现的最早的新石器时代遗址（赖小兵 吴寿华 摄）

# 奇和洞遗址

旧石器时代至新石器时代

第七批

龙岩市漳平市象湖镇

奇和洞遗址位于漳平市象湖镇灶头村一处石灰岩溶洞内。洞穴遗址，洞口坐东朝西，面敞开阔，洞内宽敞。发现疑似旧石器时代末期石铺地面及排水沟、石制工具和第四纪哺乳动物化石；新石器时代早期房屋居住面、用火遗迹、石制（锛、斧、砍砸器和刮削器）和骨制工具（鱼钩、骨锥、骨镞、骨管、簪）及石质鱼形装饰品，人类颅骨、肢骨及牙齿化石，动物骨骼和牙齿化石，煤矸石和陶片等。

奇和洞遗址新石器时代遗迹和遗物是已知福建最早的新石器时代遗存，填补了这一时间段福建乃至中国东南区域史前文化的空白。它对探讨旧石器时代向新石器时代过渡期间人类技术发展与生计模式的转变；对研究远古人群在该地区的体质演化和生存状态；对分析海峡两岸古人群的迁徙、交流和文化关系；对探索早期燃煤历史等具有重要的学术价值，对福建史前文化年代序列的构建起了重要作用。奇和洞遗址入选 2011 年度全国十大考古新发现。

磨制石质鱼形佩件

石锛

石斧

（福建省考古研究院 供图）

奇和洞遗址全景（福建考古研究院 供图）

# 莲花池山遗址

旧石器时代
第七批
漳州市芗城区南坑镇农友村

莲花池山遗址现存遗址面积300平方米左右。1990年和2005年两次考古发掘，发现了旧石器时代的人类活动面以及两条冲沟等重要遗迹，出土的石制品总数3768件，其中原生文化层3301件，工具类占石制品总数的3.06%；工具类型超过15种，包括有多种砍砸器、多种刮削器、多种尖状器以及石锤、手镐和薄刃斧。石器的主要原料为脉石英和水晶晶体，采用砸击和锤击的打片方法，属于我国南方的砾石石器文化系统。经对发掘区域土壤样本的初步测定，认为原生文化层的年代可能在距今25万年左右。莲花池山遗址是已知福建境内最早的旧石器时代遗址，也是我国东南地区最重要的滨海旷野遗址之一，对于构建东南地区旧石器年代学框架有重要的地位，对研究闽台史前人类的迁移与文化内涵等方面具有重要的学术价值。

尖状器　　石砸

石片　　刮削器

莲花山遗址出土的石制品（范雪春 供图）

# 岩仔洞遗址

新石器时代
第八批
三明市将乐县古镛镇梅花井村

将乐岩仔洞遗址（董观生 摄）

岩仔洞遗址洞口（董观生 摄）

岩仔洞遗址位于将乐县古镛镇梅花井村后石灰岩孤山丘上。岩仔洞遗址文化堆积主要分布于山顶区域及山体洞穴中。山顶区域共发现新石器时代墓葬2座、沟1条、房址2座、10余个灰坑、柱洞，以及陶器、石器、玉器、骨器等千余件标本，以及1具较完整人骨架和大量木炭样品等，其年代距今4900~4500年。洞穴内发现大量第四纪晚更新世的哺乳动物与啮齿类动物化石，主要种类有大熊猫、剑齿象、水牛、鹿、野猪、豪猪、豹等，包含了南方"大熊猫 – 剑齿象动物群"的大多数成员。

岩仔洞遗址的发现，对探索第四纪晚更新世福建地区哺乳动物群的成员结构、生存环境以及分布范围等，具有重要研究价值；对研究闽西北山地古人类的种群、居住形式、生存方式和经济形态等，提供了珍贵的实物资料，为完善闽西北地区新石器时代考古学文化序列提供了重要的资料。

# 南山遗址

新石器时代至周
第七批
三明市明溪县城关乡上坊村

南山遗址见于凸起于盆地中央孤立石灰岩山的洞穴内和山顶旷野处。洞穴文化层总厚度达 2 米以上，属新石器时代。主要发现为红烧土居住面 5 处、灰坑 1 个和大量灰烬。洞穴遗物有石器（斧、戈、镞、砺石）、骨器（镞、匕、锥）和陶器（罐、釜、甗形器、鬶形器和纺轮）。最重要的是 4 号洞穴内出土的 300 多粒炭化稻谷和牵牛花等炭化植物果实。炭化稻谷具有以下特点：一是小粒，在粒型上表现为粳亚种早期形成的特征；二是表现为从原始古稻向现代栽培稻过渡的特征；三是粒型已演进到粳稻的变域。山顶旷野遗址发现新石器时代土坑墓 3 座，青铜时代灰坑 7 个、柱洞 16 个、夯土建筑台基 1 处。

南山遗址是闽西地区具有代表性的洞穴与旷野结合的遗址，一定程度上填补了该区域考古的空白，特别是其出土的炭化稻谷是东南沿海地区一次极其重要的发现。中国农业大学张文绪这样评价："南山古稻是一个演化早期的、原始的粳型古栽培稻谷群，是栽培水稻演化历史上的一个重要环节，对认识和揭示栽培稻的起源、演化规律极具参考价值。"2022年 12 月，南山遗址列入国家考古遗址公园立项名单。

南山遗址出土器物（福建省考古研究院 供图）

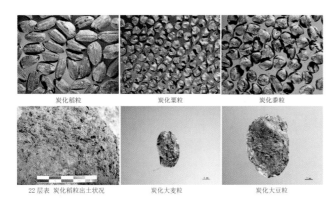

炭化稻粒　　　炭化粟粒　　　炭化黍粒

22 层表 炭化稻粒出土状况　　炭化大麦粒　　炭化大豆粒

植物遗存（福建省考古研究院 供图）

南山遗址陶器口沿刻画符号（福建省考古研究院 供图）

南山遗址，洞穴与旷野结合的史前文化遗存（邹曦 摄）　　南山遗址（黄益生 摄）

南山遗址考古现场（黄益生 摄）

## [ 聚落遗址 ]

壳丘山遗址的陶器碎片（念望舒 摄）

# 壳丘头遗址群

新石器时代至商
第八批
平潭综合实验区苏平镇红卫村、剑湖村

壳丘头遗址群由壳丘头、东花丘、龟山等史前遗址构成，总面积15万多平方米。

壳丘头遗址属新石器时代，距今6500~6000年；石器以小型梯形锛为主，少量穿孔斧和刀，另有凿、匕、锥等少量骨器。陶器以夹砂陶为主，器形有釜、罐、盘、豆、碗、壶等，实心和空心的蘑菇状支脚颇具特色。纹饰以拍印麻点纹、压印贝齿纹、戳点纹及多线平行刻画纹最为典型。

东花丘遗址属青铜时代，距今约3500年。发现建筑排列有序的柱洞126个、灰坑14座和陶窑1座。陶质以夹砂陶为大宗，少量泥质陶和硬陶。器表多饰绳纹，少量饰云雷纹和篮纹等。器类有釜、罐、杯等。内涵与福清东张下湾遗址属同一文化类型。

龟山遗址含新石器时代和青铜时代两个文化层，距今5000~3300年。发现了分布大面积由夹砂陶片和印纹灰硬陶堆积并伴有一些柱洞的陶片层。夹砂陶片以夹砂灰黑陶为主，少量夹砂红陶和夹砂灰陶。少数陶片饰粗绳纹。器形多为釜、罐等器类。印纹硬陶多饰云雷纹、方格纹等，器形有凹底罐、尊、杯等。

壳丘头遗址群为解决福建沿海地区特别是闽江下游新石器晚期和青铜时代过渡时代文化序列等问题提供了重要的依据。对于了解海峡两岸史前文化交流、人类迁徙等情况，推动南岛语族起源与扩散等重大学术课题的研究等都具有重要的意义。2021年11月18日，平潭壳丘头遗址群列入国家文物局正式印发的《大遗址保护利用"十四五"专项规划》名单。

蘑菇状支脚陶器残件（念望舒 摄）　　　　　　壳丘头遗址出土的石锛（念望舒 摄）

考古人员在龟山遗址进行发掘工作（念望舒 摄）

壳丘头遗址发掘现场

壳丘头考古遗址（吴军 摄）

平潭国际南岛语族考古研究基地（念望舒 摄）

# 昙石山遗址

新石器时代至周
第五批
福州市闽侯县甘蔗镇昙石村

昙石山遗址位于昙石村后孤立的山丘上，现存面积 2 万平方米，为
福建史前时期最重要的贝丘遗址之一。前后经 10 次发掘，发掘面
积 2000 余平方米。发现了壕沟、灰沟、灰坑、祭祀坑、陶窑、灶、
柱洞等生活和生产遗迹，清理了 89 座墓葬，出土了包括玉器、石器、
骨器、角器、牙器、贝器、陶器和原始青瓷器在内的种类丰富的遗物，
还有大量动物的骨骼、牙齿和贝壳标本。遗址时代从距今 5500 年
至 2800 年前。包含了昙石山下层文化、昙石山文化、黄瓜山文化、
黄土仑文化等 4 种以上考古学文化的内涵，为福建史前文化序列研
究确立了一个标尺。其中昙石山文化内涵最丰富，特征最明显，使
得该遗址成为福建第一个考古学文化的命名地。昙石山遗址为东南
沿海地区、海峡两岸和南岛语族的扩散传播研究具有极其重大的意
义。同时昙石山遗址的发掘经历数十年，培养了一大批专业人员，
成为福建考古人才成长的摇篮。2021 年 10 月，昙石山遗址入选百
年百大考古发现。

20 世纪 80 年代，昙石山遗址考古挖掘现场（大海峡图片库 供图）

昙石山遗址（刘利平 摄）

昙石山遗址是福建新石器时期文化的缩影，图为昙石山博物馆馆内雕塑

昙石山遗址博物馆内展出的绳纹陶壶、陶罐等（辛丽霞 摄）

昙石山遗址博物馆外景（林明秋 摄）

# 池湖遗址

新石器时代、商周
第七批
南平市光泽县崇仁乡池湖马岭

池湖遗址为馒头形山包，相对高度约 30 米，东西长约 200 米，南北宽约 300 米，总面积约 6 万平方米。1982 年，考古专家在池湖马岭一带，先后发现了 30 多座青铜时期墓葬。在该遗址采集有石斧、石簇、陶纺轮、灰硬陶片等，出土了一大批珍贵的商周时期文物，其中有 8 件文物被国家博物馆收藏，有 400 多件文物被省博物馆收藏。1995 年，在该遗址又发现了两座较完整的青铜时期墓葬，出土石器、陶器等文物 170 多件。这些石器、陶器与台湾考古发现以及近代台湾少数民族传统文化特征相一致，体现了闽台两地源远流长的亲缘关系。池湖遗址青铜文化在福建省具有特殊地位，是闽北青铜时代遗留后世的典型代笔，也是中国东南地区与中原沟通的一条重要文化走廊，具有极高的考古和研究价值，引起国内外考古学术界的瞩目。

20 世纪 90 年代池湖遗址发掘区地层剖面
（沈少华 摄）

池湖遗址墓葬陶器（沈少华 摄）

池湖商周大墓遗址（沈少华 摄）

池湖遗址（高才保 摄）

# 庵山沙丘遗址

商至周
第七批
泉州市晋江市深沪镇坑边村颜厝自然村

庵山沙丘遗址是福建省发现的第一处青铜时代沙丘聚落遗址。原有面积 20 万平方米左右，现存面积 2 万平方米。考古发现遗迹有：夯土房基 5 座，夯土墩 96 个，活动面 1 处和贝壳坑 38 个。出土 300 件。青铜器有鱼钩、矛、锛、簪、条等。石器有凹石、锛、斧、网坠、石拍、戈；骨器有镞、匕、锥、笄；还有角锥、贝铲和贝环等。装饰品中，有玉器的玦、环、璜、块和石质的玦、环、天然美石。还有大量陶片、大量海上贝壳和陆生动物遗骨。陶器以夹砂陶为主，普遍施红彩衣；器形有罐、釜、甗、壶、尊、钵、支座、网坠、陶拍、陶球、陶环等；拍印纹饰有绳纹、方格纹、叶脉纹、曲折纹、栅篱纹、席纹和素面。还有个别原始青瓷片。经碳 -14 测定，遗址年代在距今 3500~2800 年，是目前我国东南沿海发现的规模最大的史前沙丘遗址。遗址对探讨东部滨海地区古人类生存活动及与闽台间人群互动交流等有着重大的学术价值。

庵山沙丘遗址（徐维耕 摄）

## [ 古城址 ]

20 世纪 80 年代城村汉城遗址考古发掘现场（大海峡图片库 供图）

2022 年城村汉城遗址北城门考古现场（赖小兵 摄）

# 城村汉城遗址

汉

第四批

南平市武夷山市兴田镇城村

城村汉城遗址平面近似长方形，南北长860米，东西宽约550米，周长2896米，面积约48万平方米。方向为北偏西25度。现存城墙高度4~8米，顶面宽4~8米。基部宽15~21米。城外有壕沟，宽6~10米，深2~5米。设城门6座，其中3座为水门。城址规划和布局基本仿照中原城址设计理念，城内外有宫殿、宗庙、衙署、冶铁作坊和贵族墓葬等。出土大量铁器、陶器和建筑材料，还有少量玉器和带有铭文的青铜器，出现"万岁""万岁未央""常乐""常乐未央"等铭文瓦当和大量戳印文字，反映了中原文化的传承与影响。汉城遗址是江南地区迄今发现的最大的西汉城址，是闽越国的王城之一，城址规模、建筑布局和大量的出土文物显示了闽越国的辉煌历史。城村汉城遗址是武夷山世界文化遗产的重要组成，2022年12月列入第四批国家考古遗址公园。

城村汉城正殿基址。城墙上原建有城楼、烽火台，布局严谨，秩序井然，风格追仿秦都汉宫。而干栏式宫房屋结构，又极富闽越地方文化色彩（赵勇 摄）

城村汉城遗址（赖小兵 摄）

城村汉城遗址远景（严硕 摄）

闽越王城博物馆（邱汝泉 摄）

闽越王城博物馆展厅（赖小兵 摄）

## 德济门遗址

宋至明
第六批
泉州市鲤城区天后路

德济门为泉州古罗城的南门。2001 年揭露面积 2000 平方米，清理遗迹有石构的墙基、壕沟、门道和石构砖构的拱桥。前后共分 5 期，时代为南宋绍定至清顺治时期。平面由城墙、城门和瓮城 3 部分构成。城门门道平面呈凸字形，前窄后宽，宽 2.62~4.08 米，进深 14.25 米。石券顶。门前为方形瓮城，东西长 41.1~43.6 米，南北宽 22.4 米（外）；墙体厚 3.7~3.86 米，基宽 4.2~4.4 米。瓮城西北角设瓮城边门，门道平面也呈凸字形，长 3.64 米，后增到 3.56 米，宽 2.28~3.08 米。城门与瓮城门均石构而成。出土物有佛教和印度教石刻，伊斯兰教和基督教墓盖石，石碑、板瓦和筒瓦和大量宋元明清的陶瓷器。德济门遗址是"泉州：宋元中国的世界海洋商贸中心"世界文化遗产的重要组成部分，对研究城市发展与建筑历史、泉州宗教史和海外海交通史等方面都有重要的历史、科学研究价值。

德济门遗址俯拍（成冬冬 摄）

宋代壕沟及城墙（成冬冬 摄）

宋元外来宗教石刻（成冬冬 摄）

德济门遗址的门墩（成冬冬 摄）

# ［古窑址］

窑炉及地层关系（福建省考古研究院 供图）

苦寨坑窑址发掘区俯视（福建省考古研究院 供图）

坐落于山林之间的苦寨坑原始青瓷窑址（林晨歌 摄）

# 苦寨坑原始青瓷窑址

夏、商
第八批
泉州市永春县介福乡紫美村

苦寨坑原始青瓷窑址位于永春县介福乡紫美村西南面"苦寨坑"处。经调查，周边约 1 平方千米范围内还有 10 余处同时期同类窑址。考古发掘共揭露 9 座窑炉遗迹，均为依山掏洞而建的斜坡式龙窑，分火膛、窑室、出烟室 3 部分，平面呈凸字形。一般斜长 2.4~3.5 米，宽 1~1.3 米。出土遗物有印纹陶、原始青瓷和圆形垫饼窑具，其中原始青瓷占比约 25%，器形有尊、罐、钵、壶等。灰胎，质地致密。釉色多呈青绿色、青灰色，少量呈青褐色。原始青瓷烧成温度约 1000℃，吸水率约 10%。陶瓷器装饰采用刻画、拍印、戳印、堆贴、镂空等手法，纹饰有弦纹、菱格纹、方格纹、直条纹、圆圈纹、篦齿纹、凸棱纹等。碳 −14 测年代为距今 3800~3500 年，相当于中原夏商时期。

苦寨坑窑址是我国目前已知最早烧造原始青瓷的窑址之一，与浙江地区同期窑址分属两个起源与发展体系，因此，苦寨坑窑址对研究我国瓷器起源有着重要意义。同时，苦寨坑窑址为解决福建省晋江流域、九龙江流域和平潭岛等地遗址和墓葬出土的原始青瓷器来源问题，提供了极有价值的线索。该遗址入选 2016 年度全国十大考古新发现。2022 年 12 月列入国家考古遗址公园立项名单。

原始瓷圈足

垫饼

原始瓷罐口沿

原始瓷尊残片

（福建省考古研究院 供图）

# 猫耳山遗址

商
第七批
南平市浦城县仙阳镇下洋村

猫耳山遗址发现于浦城县仙阳镇西南连绵不断的丘陵中，列入"2005年度全国十大考古新发现"。共清理密集分布的窑炉9座，其中椭圆形6座，圆形1座，长条形2座，总体保存状况良好。出土罐、豆、盆、釜和盅等以施黑衣为主的陶器，此类黑衣陶器在浙江南部、江西东北部和福建北部都有广泛分布。窑址的时代相当于中原的夏商时期，其中的长条形窑经研究确认为中国迄今发现的最早龙窑，是中国陶瓷窑业考古的重大发现。猫耳山窑炉对于闽浙赣三省以黑衣陶为特征的区域考古文化的研究具有重要的价值，为龙窑的起源研究提供了重大线索。同时也彰显了福建这一陶瓷大省悠久的窑业历史。

猫耳山窑址 Y1~Y6 全景（福建省考古研究院 供图）

猫耳山遗址考古现场（毛建安 摄）

猫耳山遗址出土的黑衣陶豆、黑衣陶虎子、黑衣陶钵、黑衣陶罐等陶器（福建省考古研究院 供图）

# 建窑遗址

唐至宋
第五批
南平市建阳区水吉镇、武夷山市星村镇

建窑遗址位于建阳区水吉镇后井村与池中村盆地周边一带山坡上，包括了庵尾山、大路后门山、芦花坪、源头坑、营长墩和牛皮仑等多个地点，面积 12 万平方米。产品绝大多数为黑釉碗，少量为钵、罐、瓶、碟器形；个别地点兼烧青瓷和青白瓷。共清理窑炉 10 条，其中大路后门山 Y1 斜长 123.6 米，实测 115.15 米，宽 0.9~2.2 米。Y3 斜长 135.6 米，实测长 127 米，宽 1~2.35 米。这种长度的窑炉在国内很罕见，其中 Y3 窑炉长度迄今为国内第一。其产品以黑釉兔毫盏（碗）名闻天下，其中曜变天目、鹧鸪斑纹盏为国内外所珍藏。部分碗器底有"供御""进盏"铭款，为进贡北宋宫廷的专烧产品。建窑时代为五代晚期至元初，该遗址的发掘为这一时期窑炉的发展演变序列、为建窑的窑场性质、国内外流传的建窑黑釉瓷、为海上丝绸之路贸易产品的研究提供了重要的资料。

＊＊＊＊＊＊＊＊＊＊＊＊＊＊＊＊＊＊＊＊＊＊＊＊＊＊＊＊＊＊＊＊＊＊＊

2006 年 5 月，武夷山遇林亭窑址公布归入建窑遗址。

武夷山遇林亭窑址（崔建楠 摄）

建窑遗址中的建盏残片

建窑遗址

建阳水吉窑址碑

建阳水吉窑窑址

# 屈斗宫德化窑遗址

宋至明
第三批
泉州市德化县龙浔镇、浔中镇、盖德镇、三班镇
泉州市南安市东田镇

德化窑遗址众多，分布于全县多个乡镇，时代从宋元到明清，形成以白瓷为特色的窑址群，屈斗宫德化窑遗址是宋元时期德化窑的代表性窑址。该窑址位于德化县城龙浔镇宝美村破寨山的南坡上，为元代窑炉遗址。窑炉全长57.1米，宽1.4~2.95米，为带有隔墙的分室龙窑，共有17间窑室、14个窑门。该窑出土各类瓷器残件出土器物标本6793件、生产工具800多件，主要为元代白釉和青白釉器，胎质洁白、细腻、坚致。产品有碗、盘、执壶、粉盒、杯、军持等10余种。纹饰以印花为主，题材以花卉、飞禽、文字为主，辅之以卷草纹、模印纹。屈斗宫分室龙窑形式处于龙窑向阶级窑转化的过渡阶段，反映了宋元时期窑炉技术的进步与发展。对于德化瓷史的研究，尤其是为德化窑炉结构、类型及其发展演变提供了极其重要的资料。德化窑产品在海外许多国家收藏机构和水下遗址中都有发现，是宋元时期外销瓷的主要贸易产品之一，在海外具有较高的声誉和影响。屈斗宫德化窑遗址是泉州世界文化遗产的重要组成。2022年12月列入国家考古遗址公园立项名单。

\* \* \* \* \* \* \* \* \* \* \* \* \* \* \* \* \* \* \* \* \* \* \* \* \* \* \* \* \* \* \* \* \* \* \* \*

2006年5月，南坑窑址公布归入屈斗宫德化窑遗址。

1976年屈斗宫窑址发掘现场
（大海峡图片库 供图）

屈斗宫古窑址俯拍

德化窑出土的部分瓷器（成冬冬 摄）

屈斗宫龙窑遗址（赖小兵 摄）

位于德化三班尾林－内坂窑址不远处的瓷土加工水碓遗存（陈英杰 摄）

德化三班尾林窑全景（成冬冬 摄）

位于南安市东田镇南坑村的南坑窑址

# 磁灶窑址

晚唐五代至南宋
第六批
泉州市晋江市磁灶镇岭畔村

磁灶窑址位于晋江市磁灶镇沟边村的金交椅山，面积4万平方米，主要发现4条长度不一的斜坡龙窑窑址、一处作坊遗址（包括房子、贮泥池、路、灰坑）及大量出土遗物。出土品以青釉器为主，器型有执壶、水注、罐、碗、碟、壶、瓶、器盖等。釉多呈青灰色。窑具主要是垫柱。磁灶窑产品在西沙群岛、"南海一号"等水下遗址和东南亚海域沉船遗物中都有发现，在日本、菲律宾、印度尼西亚、柬埔寨、埃及等国家和中国台湾澎湖都有发现。磁灶窑是主要生产外销瓷的窑址，是一处有较大生产规模、产品系列化和多品种的陶瓷烧造窑场，形成了从原料的开采、加工－陶瓷器的制作、烧成－产品运输、外销的一个完整的陶瓷手工业生产体系，展现了泉州这一宽阔元时期世界海洋贸易中心强大的基础产业能力和贸易输出能力，是"泉州：宋元中国的世界海洋商贸中心"这一世界文化遗产的一处珍贵的物质载体。

磁灶窑出土的部分瓷器（成冬冬 摄）

磁灶窑瓷器残片（成冬冬 摄）

2002年8月考古挖掘现场（成冬冬 摄）

磁灶金交椅山古窑址（成冬冬 摄）

# 中村窑遗址

宋至明
第七批
三明市三元区中村乡回瑶林果场

中村窑遗址由珠山窑址及作坊区、蛇头山窑址、回瑶后山窑址、草寮山后山窑址及作坊以及1~4号山的窑址组成，面积35万平方米；发现了比较完整的窑炉、作坊（淘洗池、沉淀池、水沟、陶车坑、工棚和窑神祭龛及作坊平台）、瓷土矿坑、古道和古桥等。出土了瓷刀、荡箍、轴顶碗等制瓷工具及托座、匣钵、垫饼等窑具；中村窑以生产青白瓷为主，兼烧青瓷、酱釉瓷等，产品种类丰富，有各式碗、盘、杯、罐、炉、壶、灯等；装饰手法以刻花、印花为主，纹饰有各式篦纹、划花纹、折枝花、鱼藻纹、吉祥纹饰和数字等。回瑶窑址创烧于北宋中晚期，南宋达到鼎盛，明初逐步断烧。中村窑规模大，功能明确，有完备的窑业生产体系，包括生活区和生产区、有独立的作坊区和窑炉区，体现了规模宏大、持续烧造时间长的青白窑场，填补了同时期福建西北地区窑业作坊遗迹不完整的空白。

中村窑遗址（三明市文管办供图，余生富 摄）

# 南胜窑址

明至清
第六批
漳州市平和县南胜镇、五寨乡

南胜窑址位于平和县南胜镇和五寨乡。遗存包括南胜花仔楼窑、田坑窑、五寨大垅窑、华仔楼窑、洞口陂沟窑、大垅窑、二垅窑和田中央六处窑址。时代为明晚清初（明万历至清康熙前）。南胜窑是主要生产贸易陶瓷的民间窑场，对于海上丝绸之路和福建明清社会经济史的研究都具有重要意义。

南胜窑各窑址发现的窑炉均为短而宽的阶级窑，采用 M 形和平底匣钵装烧。瓷种有青瓷、白瓷、青花瓷和色釉瓷以及彩绘瓷，以日常生活瓷器为主。其中青花瓷是主要品种，数量也最多，器形有碗、盘、碟、盆、盅、盏、杯、罐、水注、勺、器盖、匙等，最显著的特征是器底粘粗砂粒的砂足器。青花瓷造型丰富，装饰纹样非常富于变化，有动物、植物、山水、楼阁、人物和文字等。南胜窑产品多在国外发现，在日本、菲律宾、印度尼西亚、泰国、越南、马来西亚、新加坡及东非海域等地都大量出现，国际上称为"SWATOW"明清贸易瓷，很大部分是南胜窑的产品。

田坑窑址发现的是由施黄、绿、紫三色釉的"素三彩"瓷器。器形有盒、碟、盘、钵、盏、瓶、杯、碗、小罐和笔架等，其中以动物造型器身和器盖模印动物、植物等图案的小巧精致的香盒最具特点。此类三彩瓷被认为是海外发现的素三彩瓷的祖地。在日本发现数量最多，与日本茶道关系密切。

南胜窑出土的素三彩盘

南胜窑出土的青花盘

南胜五寨陂沟窑遗址

南胜窑挖掘资料图

东溪窑遗址的青花瓷残片（赖小兵 摄）

东溪窑阶级龙窑遗址

# 东溪窑址

明、清
第八批
漳州市华安县、南靖县

东溪窑址位于华安县高安镇和南靖县龙山镇交界一带，包括南靖县金山镇下窑村的碗窑坑窑址群、高安镇和龙山镇交界处的东溪头窑址群。考古表明，该窑址是明末至清代九龙江流域以烧造外销瓷为主的大规模民间窑场。

东溪窑的窑炉，明晚期至清早期为横室阶级窑，清中晚期为阶级龙窑，并成为东溪窑的主流窑型。使用窑具为 M 形与平底匣钵。产品以青花瓷为主，还有白瓷（"漳窑"米黄釉瓷）、青瓷、彩绘瓷、单色釉（酱釉、蓝釉、绿釉）瓷等及少量酱釉陶器；器形有碗、盘、碟、杯、瓶、罐、壶、盒、炉、水注、汤匙、烟斗、鼻烟壶、瓷塑等；青花呈色蓝灰，彩绘有红、绿、黑彩；纹样图案有花卉、洞石、山水、珍禽瑞兽、人物、文字等。东溪窑是因应海上丝绸之路的贸易需要而出现的，其横室阶级窑技术传播或影响到周边和海外地区。产品多销往海外，在日本、东南亚、东非等地的古遗址、各类收藏机构以及"泰星"号水下沉船中都有发现，对于研究福建明清时期的海上贸易具有重要意义。

## [ 驿站古道遗址 ]

武夷山大王峰至天心村古道上的挑茶人（黄景业 摄）

# 武夷山闽赣古驿道

唐至清
第八批
南平市武夷山市岚谷乡岭阳村、洋庄乡大安村、坑口村

闽赣古道有多条，武夷山闽赣古驿道指的是武夷山岭阳古道及关隘遗址，处于武夷山市岚谷乡与江西广丰区交界处。始建于唐五代。宋元祐四年设巡检司，驻军守之，元贞设置关防，清设关塘，设厘金局。民国年间，国民政府设税卡；苏维埃时期，苏维埃政府设关岭阳贸易处。由岭阳关的关隘、古驿道、桥涵、路亭等构成。岭阳关驿道用鹅卵石与不规则片石拼铺，险要处条石干砌。关隘用条石干砌，夯土城墙。起点丘岭水口景观石，终至关顶隘口，斜长2020米，宽1.8~2.34米，保护良好。关隘现存关门、残墙和石基。关门宽2.8米、进深2.5米、高2.7米。两侧关墙沿左右山脊至山顶，南侧残存城墙约长300米，北侧残存城墙长450米。闽赣古驿道是福建与中原交通的重要通道，是研究万里茶道线性文化遗产和武夷山古代交通运输、商业、关防、兵制、铺驿制的重要实物。

闽赣古道示意图

温林关位于武夷山市西北部坑口村，闽赣交界处（吴军 摄）

分水关孤魂祠（吴军 摄）

岭阳关（吴军 摄）

岭阳关位于武夷山市岚谷乡西北部，与江西铅山交界（吴军 摄）

# 白鹤岭福温古道

南宋至清
第八批
宁德市蕉城区蕉北街道继光社区、蕉南街道中南社区、城南镇岭头村、湾亭村

白鹤岭福温古道由位于宁德市蕉城区西南群山中的白鹤岭道和界首岭道组成，是古代宁德北往江浙、南达福州陆路官道的重要一段。南宋宝庆年间（1225—1227），由时任宁德县主簿丁大全主持修建。明嘉靖、崇祯年间曾二次被废又两度重修。从宋沿用至民国。白鹤岭古道原长15里，现存4939米，由半岭自然村至界首岭间不连续的4个路段构成。古道蜿蜒崎岖，多由石磴层层累砌而成，宽2~3米，沿途道旁有可辨认的摩崖石刻12处、碑刻8方、古桥2座、关隘遗址2处、烽火台遗址2处。白鹤岭古官道是古代宁德通衢南北的重要陆路通道，也是古代福建陆上五大出省通道之一"福温古道"的重要组成部分，是古代闽东交通的重要史迹。它对研究古代闽东地区的社会、经济、交通和文化的发展具有重要的价值。同时白鹤岭福温古道保留了许多古代官宦士大夫、文人墨客的诗赋题词，形成了一段人为与自然相融合的文化线路，成为独具特色的白鹤岭古道文化景观。

白鹤岭福温古道远眺（朱晨辉 摄）

明万历年间的石碑（朱晨辉 摄）

民国时期许世英题书"白鹤"（朱晨辉 摄）

清乾隆年间范宜恒题书"仰观俯察"（朱晨辉 摄）

白鹤岭福温古道现存数千级青石板阶梯，如山中游龙（朱晨辉 摄）

## [ 衙署遗址 ]

### 北苑御焙遗址

宋

第六批

南平市建瓯市东峰镇焙前村

北宋茶事题刻奠定了福建茶在中国茶历史上的地位（崔建楠 摄）

北苑御焙遗址发现于焙前自然村后的山垅中，面积超过 2 万平方米以上。1995 年福建省博物馆对该遗址局部小面积发掘，在石门坵地段 500 多平方米范围内，揭示出多达 50 余个建筑遗迹单位，显示了该遗址保存丰富的宋代建筑遗存，其中有建筑砖铺地面、砖铺天井、石铺天井和道路，及围绕龙井的多期亭子类建筑。在林垅山，发现了北宋摩崖题刻，文中记载了建州东凤凰山一带于北宋太平兴国初年设立御焙衙署等史实。宋代徽宗皇帝赞北苑茶"名冠天下"，在蔡襄等人的大力推动下，北苑茶达到了中国茶叶历史的顶峰，掀起了中国茶文化的第一波高潮。北苑御焙遗址及茶事题刻确证了北苑茶的辉煌历史，是中国茶文化史上的里程碑，具有重要的历史价值和现实意义。

北苑茶园（崔建楠 摄）

建瓯北苑御焙遗址（吴震 摄）

# ［矿冶遗址］

宝丰银矿（李洪元 摄）

# 宝丰银矿遗址

宋至明
第八批
宁德市周宁县李墩镇、浦源镇

宝丰银矿遗址位于宁德市周宁县西部的李墩镇芹溪村、浦源镇官司村和李园村、上洋村。由连片的古采硐和一处明代矿主故居建筑构成。宝丰银场的史实见于宋梁克家《三山志》、清代的《八闽通志》《宁德县志》及民国版的《周墩区志》《林聪年谱》等文献记载。据载始采于北宋元祐年间（1086—1093）。多次兴废，至明隆庆五年（1571）前废止。古采硐据初步调查计300多个，分布总面积约11.006平方千米，见于海拔800~1400米的龙岗头（圣银楼）周边高山地带。洞深长者达250多米，短者仅数米。技术有露天槽采、坑采、明硐和暗硐巷采，竖井、斜井及先竖井、斜井后平巷开采等等方式，主要挖掘富集矿带。

宝丰银场在遗址范围、分布形态、矿硐数量、长度、海拔、采矿技艺、完整性和地矿研究深度等方面绝大部分超过、部分等同于同类银矿遗址，是闽东北地区业已消逝的宋明时期工业文明的特殊佐证，对研究中国矿冶史、福建经济史和地方史以及地矿科考，都有重要的学术价值。

# [水下遗址]

## 海坛海峡水下遗址

五代至清代
第七批
平潭综合实验区海坛海峡

海坛海峡水下遗址是大陆沿海首个国家级水下遗址重点文物保护单位，已确认的水下遗存达 11 处，这些水下文化遗存的时代序完整，从五代一直延续至明清。

平潭海坛海峡遗址中采集的物品以陶瓷器为主，此外还有部分铜钱、河口等。陶瓷器有青白瓷、青瓷、黑釉瓷、青花瓷、五彩瓷以及陶器等，以常生活用品为主，种类有碗、盘、盆、盏、碟、瓶、罐、军持等。大部分产品为福建窑址生产，此外还有浙江龙泉窑、越窑，江西景德镇窑，以及江苏宜兴等窑址的产品。

海坛海峡水下遗址所在的海域是我国古代海上丝绸之路的必经之地，暗礁众多，海况复杂，长期以来留下了丰富的水下文化遗存。从这些水下文化遗存中出水的大量文物及沉船史迹，是研究、论证我国古代海上丝绸之路贸易航线、港口及商贸交流的重要实证。

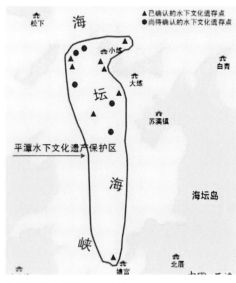

海坛海峡水下遗址示意图

位于海坛海峡水下遗址保护区内的平潭石牌洋海域

碗礁一号出水瓷器（羊泽林 供图）

* * * * * * * * * * * * * * * * * * * * * * * * * * * * * * *

2022年6月16日上午，国家水下文化遗产保护福建
（平潭）基地暨福建水下考古（平潭）基地在平潭
正式揭牌成立，标志着福建水下考古事业开启新篇
章。据统计，福建全省有水下遗存近50处。

# 彼岸烟尘

文／陈兆善

古墓葬是最能吸引普通大众眼光的不可移动文物之一。人们习惯于认为它隐藏着未知的秘密，又因其常出土许多完整而精美的随葬品，易激起人们的猎奇心理和一窥究竟的欲望。

古人长期存在"视死如生"的观念，认为墓葬是人们死后在另一世界生活或灵魂寄托的场所，于是建造墓室，随葬生前使用的器具或专用于随葬的明器。未被盗掘的完好墓葬，往往出土成套组合的器具，直接展现了古人居住生活和精神信仰等方面的内容，而学者又能从中读到更多的古代信息，因此对于专业人员来说，墓葬是研究古代历史、经济、科技、军事、交通、建筑、文化与习俗等诸多方面非常重要的文物资料。

与中原地区相比，福建迄今未发现令人叹为观止的大型古墓葬，列入全国重点文物保护单位和福建省文物保护单位的墓葬也不多，因而人们对福建古墓葬知之甚少。实际上人们在福建各地博物馆参观时看到展柜里的文物展品，尤其是完整和复原的文物，多数都出自古墓葬。正因为有许多大大小小的墓葬及随葬品，让我们能更真切地了解福建古代历史与文明成就，了解古人的思想观念及其演变，获得福建古代社会经济、军事、科技、文化以及海内外交流的许多认识。散布于福建各地的唐宋墓葬中，有许多都是从省外迁徙而来的家族（宗族）的开山祖先，是许多现代福建人的始祖，对福建人的构成与福建历史的发展有重要的贡献。

从福建各地发现的古墓葬可以很清楚地认识福建历史发展的前进步伐。新石器时代早期，人口稀少，生产力低下，物质匮乏，发现的马祖"亮岛人"和奇和洞人骨架，均无随葬品。新石器时代中晚期，福建各地已有许多人类活动，境内发现了许多墓葬群，如牛鼻山墓葬群、昙石山墓葬群等，流行竖穴土坑墓并随葬数量不等的生产与生活用品，并且已有贫富等级的现象。这时期主要随葬火候不高的生活用陶器，少量石器和玉器，反映出此时处于采集和渔猎为主的生产、聚族而居的生活和就地埋葬死者的状态。

进入青铜时代早期，福建人口大量增加，墓葬数量更多，分布范围更广，如福清下湾墓葬群、漳州虎林山和戈林山墓葬群、邵武斗米山和肖家坊墓葬群、闽侯黄土仑墓葬群和光泽池湖、白主段墓葬群等。这时期有了从居住遗址脱离出来的公共墓地，大量随葬火候更足、制作水平更高的硬陶器，个别还随葬青铜工具和原始青瓷器，反映出当时生产与生活水平的大幅度提高以及人口数量的显著增长。距今3400年左右的漳州虎林山和长泰戈林山墓葬发现腰坑和二层台，这种典型中原墓葬风格的设置表明中原文化已经深入福建腹地，随葬的青铜戈、矛和铃确证了此时福建已进入青铜时代。武夷山商代悬棺葬是闽人的一种特殊葬式，是目前国内发现的最早崖墓，很可能是中国崖墓的起源地。它随葬的竹编、棉制品和木龟盘反映了距今3000多年前闽人已具备了较高的手工制作技术和艺术水平。在"黄土仑文化"和"浮滨文化"的虎林山等墓葬的随葬陶器上，有不少尚无法释读的"刻画符号"，显示商代社会福建已经接近文明的门槛。

西周至春秋时期，社会发生重大转变，生产力水平显著提高，中原文献已有了"七闽"的记载。浦城、建瓯、邵武、政和、晋安、南安、龙文等地墓葬中都发现了青铜器。此时的青铜器较之商代有了更大的进步，浦城土墩墓出土了盘、尊、杯、越式剑、戈、矛、刮刀，建瓯发现了钟、觚、提梁卣等青铜器，制作精良，不乏精品，可见青铜器分布的区域、数量、类型和质量有了大的飞跃，更表明中原文化已经深深地影响了福建，文明的曙光已然出现。西周时，福建各地的墓葬普遍随葬原始青瓷器，表明原始青瓷已经大量烧制并广泛使用，反映出福建的社会经济、科技与文化已经上升到一个更高的层次。这时期，中国江南地区流行夯土堆积起来的土墩墓，而浦城等地发现的土墩墓扩大了江南土墩墓的分布范围，表明福建与江南地区的文化交流已非常频繁。

春秋至战国时期墓葬和遗址都发现甚少，文化面貌不清，原因至今不明。但少量墓葬也显示江南越族人已进入闽中，促进了闽越的形成和闽越国的产生。西汉时期，福建在中央王朝管辖之下，闽与越融合一处，于是便有了大中型土坑带甲字形墓道、墓内有人字形木构的贵族墓葬，有精美的组合玉佩饰等随葬品。东汉的墓葬极少发现，证实了闽越灭国后，人口被大量迁往江淮地区而闽地空虚的史实。

晋唐时期，北方战乱，许多中原和江南士族南迁闽中，成为福建许多姓氏宗族的始祖，同时也带来中原和江南文化习俗。此时盛行聚族而葬的家族墓地，墓葬形态普遍流行砖室券顶墓，平面或凸字形，或刀字形，或长方形，随葬与中原和江南相同或相似形态的陶瓷器、铜器和金银器。此后这种来自北方和江南的砖砌墓室的风格长期沿用，直到近现代。宋元时期，除了地下墓穴延续砖室风格外，墓表普遍出现封土、墓围、墓手、围坻等地表建筑，并且有些墓葬加入石条和石盖板等材料，名人墓葬地表也有了神道、翁仲和石像生的设置，因此有了地下墓穴和地表建筑相结合的墓葬形式，随葬品以各类本土和外来的瓷器成为随葬品的主流，有反映酒文化、儒释道羽文化、音乐文化的墓砖图案和随葬品。这时期，福建社会、经济和文化进入全盛阶段，反映在埋葬方面，则厚葬习俗浓厚，随葬品质量上乘，反映了宋元时期福建社会经济科技文化巨大进步。福州茶园山许峻墓、邵武黄焕墓、闽清白樟等宋墓，随葬器中的银器、漆器、团扇、丝绸，非常精美，令人惊叹不已。明清时期，人口数量大增，福建各地丘陵山坡保留着无数这时期的墓葬，其特点是流行三合土夯打加石砌的太师椅式墓葬风格。埋葬习俗观念明显改变，随葬品无论数量与质量都趋于简约化，随葬器多为简单的瓷器、个别有锡器和随身玉器。

墓葬对研究福建古代历史具有重要价值。新石器时代晚期"昙石山文化""牛鼻山文化"和青铜时代"黄土仑文化""白主段文化"都是由墓葬出土文物而奠定该文化的基本定义；庄边山、溪头遗址的早期墓葬丰富了昙石山文化的认识；虎林山墓葬陶器上的刻画人形图案，为判定福建省内最重要的岩画——华安汰内岩画的时代提供了重要的佐证。武夷山崖墓船形悬棺，印证了早期闽人"山行水处""习于用舟，便于水斗"的生活；庄边山上层秦汉时期的楚墓，对研究楚文化进入福建的历史具有重要意义；汉城牛头山、蛇山、渡头和福州益凤山汉墓，揭示了闽越国贵族埋葬的普遍习俗，反映了闽越国的宏大气魄；闽侯杜坞等地发现的零星墓葬，填补了东汉时期闽越地区文物的不足。浦城、建瓯、邵武、将乐、政和、霞浦、闽侯等地发现的六朝砖室墓，实证了东晋以来北人南迁的历史；南安、晋江、永春等地发现的六朝墓，则印证了"晋人南渡，沿江而居"、从而有"晋江"名称的文献记载。南安皇冠山六朝墓发现的阮琴图案，为研究六朝乐器提供了直观的乐器形象参考。六朝至唐墓墓砖上的装饰图案，如网格纹、钱纹、半圆弧纹、莲瓣纹、缠枝纹、青龙、白虎、纪年文字等纹样，全面反映了中原和江南文化对福建地域文化的深刻影响，完全改变了福建传统的埋葬习俗，确立了中原文化在福建的主导地位；各地晋唐墓砖所见缠枝花和莲瓣花纹，莲瓣纹盘、碗等瓷器，五代刘华墓的陶俑，宋代的盘龙壶和堆塑纹魂瓶，将乐大源砖雕的奔鹿和飞鹤形象，为研究佛道文化提供了资料。五代的波斯蓝釉瓶、宋元时期景德镇的青白瓷、龙泉窑青瓷、建窑黑釉盏、玻璃珠等随葬品，对于研究福建交通史与商贸史都有重要价值。

福建历史上多数墓葬的主人都化为尘烟，不留痕迹，但保留下来的墓葬遗存却成为今人了解历史的重要窗口。部分确认墓主人身份的墓葬，是福建历史的重要见证。如福州唐"宣陵"墓主王审知，来自中原，其家族却在异地他乡的福建建立并经营闽国数十年，为唐五代及之后福建社会的发展奠定基础；葬于福建、同样来自中原的陈政和陈元光父子是开拓闽南漳州的先驱；埋葬于建阳黄坑的朱熹，创立了综罗百代、引领宋代文化潮流乃至被作为元明清三代官方思想的朱子理学，影响深远；埋葬于南安的郑成功，是收复台湾、维护祖国统一的民族英雄；泉州为宋元时期东方第一大港，引得大量海内外民众前来经商定居，留下了大量具有阿拉伯风情的伊斯兰圣墓和百崎回族郭氏墓群；福鼎和马尾的福建戍台将士墓，用历史事实充分证明了台湾是中国不可分割的神圣领土；武夷山洋庄乡张山头多达一千余座的红军墓，反映了土地革命时期闽北人民艰苦卓绝的红色斗争历史。这些墓葬成为今天纪念他们对福建历史所起重要作用的最好媒介。

从墓葬的演变，我们可以看出福建古代历史文化发展的基本脉络，从中归纳出福建古代历史文化发展变化的基本特点。一是汉代以前，墓葬所反映的福建历史文化是以土著文化为主导，但处处渗透着中原文化和江南文化的影响；二是六朝以后，中原文化、江南文化和土著文化完全融合为一体，并吸纳了海外舶来文化，构成了福建历史文化海纳百川的地域特色；三是福建历史文化发展进程中高潮与低潮相互交替，呈现波浪式向前发展的轨迹。

# 浦城土墩墓群

周
第七批
南平市浦城县仙阳镇管九村

2005 年 1 月至 2006 年 12 月，福建博物院、福建闽越王城博物馆和浦城县博物馆联合在浦城县仙阳镇管九村西侧的相关地段对部分墓葬进行了抢救性发掘，共发掘 33 个土墩，计 47 座墓葬，其中一墩二墓的 6 墩、一墩多墓的 1 墩，其余为一墩一墓。墓葬形制可分为平地掩埋、长方形浅坑、带墓道竖穴土（岩）坑 3 个类型。共出土遗物 280 余件，其中原始瓷器 67 件，主要器形有豆、罐、尊、瓮、簋、盂、碟等；印纹陶器 146 件，主要有罐、簋、豆、尊、盅等；青铜器 55 件，以短剑、矛为主，还有戈、锛、匕首、刮刀、镞及尊、盘、盅形器等；此外还有玉管饰和石器各 7 件。

参考碳 –14 测年数据，这批土墩墓可分为三期：第一期为夏商时期，均出土黑衣陶器和软陶器；第二、三期分别为西周和春秋时期，其中部分墓葬呈西周晚期至春秋早期的过渡状态。

浦城管九土墩墓群，是福建首次发现的土墩墓群，填补了中国东南地区土墩墓分布区域的空白，被评为 2006 年度全国十大考古新发现。

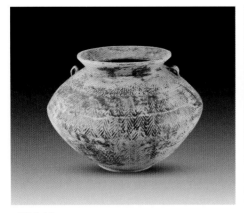

原始瓷罐

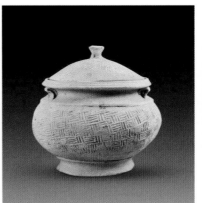

印纹陶盖罐

陶豆

麻地尾 2 号墩 1 号墓全景

麻地尾 10 号墩 1 号墓全景

麻地尾 10 号墩 1 号墓出土青铜剑、青铜锛

浦城管九鹭鸶岗土墩墓远景

武夷山悬棺（邱汝泉 摄）

# 武夷山崖墓群

青铜时代
第六批
南平市武夷山市武夷山风景名胜区

武夷山崖墓群位于武夷山国家风景名胜区九曲溪两岸山峰和山北景区内。现存的地点近 20 处，棺木数量约 20 具。武夷山崖墓是形似江南乌篷船的木棺，也称架壑船、仙橹、仙舟、敞艇、仙人屋、金棺材、仙船、沉香船、船棺等，是武夷山古闽族先民的一种葬具。船棺的形状与独木舟相似，分底、盖两部分，全长 3~5 米，整木刳成，上下套合，前高而宽，后低而窄，两头起翘如船形。武夷山崖墓的埋藏方法，置于人迹罕至的悬崖绝壁之上，一是利用自然洞穴数量放置；二是利用岩石的自然裂隙或互相邻近的两个断崖之间架设板块，置棺其上，远望或隐或现，疑是"仙人葬处"，故一般称为崖墓。又因可望不可即，突出悬置半空的特点，也称为悬棺葬。根据古代志书记载与现代科学考察资料，崖墓棺木的形制以舟船形的居多，长方形或圆形的较少。但无论形制如何，均采用质地坚硬的优良木材如楠木等制作。随葬品有竹木、陶瓷以及青铜器等，不过由于年代久远或历史上遭受人为破坏的原因，这些随葬品已经不容易被发现了。棺木存放的数量，依岩洞或裂隙的大小，或一棺，或数棺，或不暴露，或延伸于洞隙，临溪水或地面的高程都在 20~50 米。武夷山崖墓群是武夷山世界文化遗产的重要组成。

武夷山悬棺（邱汝泉 摄）

# 陈政墓和陈元光墓

唐至宋

第七批

漳州市云霄县莆美镇演武亭村，芗城区浦南镇园坑村

陈政墓位于云霄县城西3千米处的将军山东麓，是唐代开漳归德将军陈政及夫人司空氏合葬墓。将军山原名云霄山，因归德将军陈政葬于此而易名。陈政墓规制恢宏，墓前依次排列翁仲、马、狮、羊、望柱等石雕，其雕刻古拙浑朴。墓前有享堂，墓地前绕渠水，背环林木。每逢月夜，于城中高处远眺将军山，月挂于山巅，人称"将军挂月"，为云霄八景之一。

陈元光墓位于芗城区浦南镇石鼓山上。陈元光殉难于征战中，就地安葬在大峙原。唐贞元二年（786）徙州治于龙溪，奉敕移葬于龙溪石鼓山，墓碑书刻"唐开漳陈将军墓"。墓前有石马、石虎、石羊、望柱各一对。前面公路旁"五叠石"上，有镌刻清康熙五十七年（1718）侍郎蔡世远撰写的"修墓记"。

明清两代，开漳将士后裔追随着大规模开发台湾、南洋的脚步渡海创业，随身携带家乡的神祇落地生根，成为他们开拓史上团结奋斗的精神寄托、安邦护土的庇护神灵和地缘关系的组织力量，在闽南文化圈和唐山民俗链中架起了华夏民俗亲缘纽带与文化桥梁，成了漳籍后裔爱国报本的原动力。

唐代开漳归德将军陈政及夫人司空氏（朱晨辉 摄）

陈政墓（朱晨辉 摄）

陈元光墓园的翁仲（崔建楠 摄）

陈元光墓前的石马（李晋泰 摄）

陈元光墓（李晋泰 摄）

# 朱熹墓

宋

第六批

南平市建阳区黄坑镇九峰村后塘自然村

朱熹（1130—1200），字元晦、仲晦，号晦翁，谥号"文公"。
我国古代著名哲学家、思想家、教育家，宋代儒学之集大成者。
祖籍江西婺源，生于福建尤溪，逝于建阳考亭村，安葬于建阳黄坑。

朱熹墓坐西北向东南。平面呈"风"字形，墓丘用鹅卵石垒砌，
系朱熹偕夫人刘氏合葬墓。墓前置石供桌一张，立石望柱一对，
有石香炉一只。墓后有清康熙五十六年（1717）立的"宋先贤朱
子、夫人刘氏墓"碑一通。1987年复于墓园建墓道碑亭一座，
内立清道光二十八年（1848）刻的墓道碑一通，刻"宋徽国公文
公朱子墓道"。

朱熹墓不仅是海内外朱子后裔顶礼膜拜之地，也是"朱子学"研
究者的瞻仰朝拜之所。

建阳黄坑镇朱熹墓（陈琦辉 摄）

伊斯兰教圣墓位于清源山脉东翼，东南临海，这里可远望晋江入海口来往的船舶（成冬冬 摄）

# 伊斯兰教圣墓

元
第三批
泉州市丰泽区东湖街道圣墓村

伊斯兰教圣墓位于泉州城东郊灵山南麓，据明代何乔远在《闽书·卷七·方域志·灵山》所载，唐武德年间，穆罕默德的两位弟子（后世尊称为三贤、四贤）到泉州传教，死后葬于灵山。后世尊称三贤、四贤墓为圣墓。两墓紧邻，东西并列，坐北朝南，墓盖用花岗岩制造，高0.6米。两墓之上是1962年重建的一座石亭，四圆柱，歇山顶。墓后是一个半月形回廊环抱墓室。墓后北、东、西三面建有石构回廊，长11米，进深1.04米。廊内有石碑多通，正中石碑立于元至治二年（1322），以阿拉伯文记述三贤四贤事迹。伊斯兰教圣墓是我国现存最古老、最完好的伊斯兰教圣迹，是泉州世界文化遗产的重要组成。

伊斯兰教圣墓（赖小兵 摄）

重修圣墓的阿拉伯文碑（赖小兵 摄）

清乾隆癸卯年（1783），举人郭拔萃修缮圣墓留下的碑记（成冬冬 摄）

明永乐十五年（1417），著名航海家郑和在第五次下西洋路经泉州，来此墓祭先贤行香祈求庇佑。图为"郑和行香碑"

乾隆辛未年（1751），董事夏必第修缮圣墓留下的碑记（赖小兵 摄）

郑成功墓园坐北朝南，建在一座平缓的山坡上（李想 摄）

# 郑成功墓

明
第二批
泉州市南安市水头镇康店村

郑成功墓位于南安市水头镇康店村覆船山。占地面积约5.8万平方米。郑成功（1624—1662），名森，字明俨，号大木，福建南安石井人，是清初民族英雄，于1661年挥师东渡，1662年2月1日将荷兰殖民者驱出台湾。同年6月23日病逝，葬台南洲仔尾。康熙三十八年（1699）诏令迁柩列于南安郑氏祖茔。墓为三合土、糖水灰和花岗岩石构筑，内分三排九室，安放九具棺木。前排中室为郑经墓室，二排中室为郑成功墓室。1929年曾在墓内发现郑成功雕龙纹及花鸟纹玉带板17块，分为大中小长方形和圆桃形，还有头发、龙袍残片、靴面等珍贵文物。墓道为石砌，花岗岩石墓碑。墓前有石旗夹9对，八角形华表1对，高约14米。

民国拓明《乐斋郑公暨妣郭氏墓志》拓片副本（成冬冬 供图）

彼岸烟尘

古墓葬篇

墓园旗杆石（成冬冬 摄）

郑成功墓碑（成冬冬 摄）

郑成功墓出土的花鸟纹玉带板 17 块（南安市博物馆 供图）

郑成功墓穴（李想 摄）

# 百崎郭氏墓群

明
第八批
泉州市台商投资区百崎回族乡下埭村、里春村

百崎郭氏墓群系福建省唯一的回族自治乡——泉州台商区百崎回族乡郭氏的二至七世祖墓。该墓群是福建仅有、全国少见的伊斯兰教石墓群，是罕见的早年阿拉伯商人来华经商、生活、定居的遗存，是独特的海丝遗存。墓群皆为石构，墓盖座为伊斯兰教须弥座塔式结构，墓穴的选择和墓区的建筑基本取法汉式。它们是数万百崎郭氏后裔的精神依托，是中国与阿拉伯文化交流和我国回汉文化交融的具体表现，象征着中、阿民族的友谊和文化艺术的交流，是研究回汉文化交流、发展和对外文化交流的实物资料。

百崎郭氏墓园全景（林晨歌 摄）

郭氏开基祖墓郭仲远墓，宏伟壮观，结构独特，是现存伊斯兰教塔式墓葬中不可多得的珍贵遗迹（成冬冬 摄）

13座百崎郭氏先祖二至七世的明代伊斯兰石墓群依次而立（赖小兵 摄）

# 矗立之美

文／楼建龙

时光流逝，抚平了早期人类的许多伟业，或吹散于长空，或湮没于烟尘，遗留下来的部分，多数成为我们概而称之的古遗址、古墓葬等地下埋藏，少量史迹则突兀地留存于地表之上，或为城垣城楼，或为宅第民居，或为坛庙祠堂，或为学堂书院，或为高塔、长桥、堤堰……它们经历过了数百上千年的风雨，却仍然以令人惊叹的外在张力与内在伟力，倔强地挺立于地平线上，造就出我们至今尚可触摸、感知的各类建筑具象。

在《中华人民共和国文物保护法》第三条中，将不可移动文物具体析分为古文化遗址，古墓葬，古建筑，石窟寺（石刻、壁画），近现代重要史迹及代表性建筑等类。在古建筑一项中，又有传统建筑与非传统建筑两大体系，其中传统建筑按其使用功能，大致区分为城垣城楼、宫殿府邸、宅第民居、坛庙祠堂、衙署官邸、学堂书院、驿站会馆、店铺作坊、牌坊影壁、亭台楼阙、寺观塔幢、苑囿园林、桥涵码头、堤坝渠堰、池塘井泉等类型。由于福建地域之内少见宫殿、礼制、陵墓之类，故在类型区分上，以城垣关隘、宅第民居、坛庙祠堂、学堂书院、桥梁塔幢为主，以及一定数量的会馆、牌坊、亭台、陂渠、井泉等。

往事越千年，福建的各类古代建筑经历沧桑而留存至今，因其数量之稀少而堪称凤毛麟角，更因其所含的岁月印记而倍显珍贵，也促使我们去认真地观察比较、分析研究，获知这些古代建筑的分布规律与工艺特征，以及反映于其中的社会发展的真实印迹。

## 一、形成于汉唐

福建东临台湾海峡，境内山峦遍布、溪流纵横，位于南、北、西三面省际分水脊，均为中国大陆东南方向的最高山系。地理、气候的相对孤立以及地势条块的明显分割，使福建的自然环境相对封闭，也使历史上的政治经济文化氛围相对稳定，造就了福建古代建筑与中原建筑之间显著的地域差异。

福建本土建筑受到不同时期北方族群阶段性大规模涌入的影响，其间既有早期来自中原的农耕文明，又有后期海洋文明的持续冲击，外来因素与当地固有的环境、气候相适应，于不间断的筑室劳作之间，创造出独具特色的建筑文化。在接受并融合外来影响的同时，形成了各类完美又独特的区域性建筑类型。

福建早期的历史建筑，往前可以追溯至史前遗留的各类居址、堑濠等建构遗迹；到闽越时期，虽然文献方面有关建筑的记载仍然简单，但经过多年考古发掘，显现出来的城址、宫殿等平面格局已相对清晰；汉唐之际，随着地方政权与儒释道信仰的加强，在福建留下一定数量的石构建筑或基址，木构建筑中年代最早的，当属北宋时期的福州华林寺大殿。除此之外，还有标志着"惊世之功"的石塔、石桥、石陂以及部分残留的建筑石基座等，可以成为我们研究、复原早期建筑的重要实例。

福建建筑与北方建筑相比，在建筑手法的发展演变上存在着相对的"滞后"，因而有人将福建传统建筑比作华夏古代建筑的"活化石"，保留了许多中原地区消失不见的早期手法。如华林寺大殿在两山中柱铺作所用的长达两椽架的大昂、单栱素枋重复叠置的扶壁拱、前后檐及两山方向普遍使用丁头拱等，这些做法在日本法隆寺金堂（607）、唐招提寺金堂（750）等建筑中均有，而在国内现存最早的南禅寺正殿、佛光寺大殿中却已找不到遗留了。

## 二、成熟于宋元

福建的木结构梁架具有鲜明的地方特色，大式建筑的主要特点是内柱升高，梁尾入柱构成垂直的横向承重体系，但其柱间又有重叠多层栱、枋而构成的槽，特点介于厅堂型与抬梁型之间。福建的小式建筑基本上均为穿斗式构架，其特点是沿房屋进深方向用柱距较密、柱径较细的落地柱与短柱直接承檩，柱间不施梁，而用若干穿枋联系，并以挑枋承托出檐。通过对散落于福建各地早期建筑实例的系统调查、取证与研究，再与北方相关案例及宋《营造法式》等文献记载进行比对，有助于我们对福建地方早期建筑营造技法形成与发展各阶段的清晰认识。

宋元时期，海上贸易的兴盛促进了福建经济的外向发展，各地建筑面貌在进一步融合的同时，呈现出更加欣欣向荣的一面。与此同时，由于外来因素的多样化，福建建筑中的地方做法日益显现，为赋有本土符号与式样的闽系建筑的形成打下了坚实基础。宋代福建尚存至今的木构建筑较少，主要有莆田荔城的元妙观三清殿、福州罗源的陈太尉宫大殿、福州永泰的名山室祖师殿等；但这一时期的石构建筑却成就非凡，保存下来一大批影响巨大的石桥、石塔及石仿木建筑等。

福建地处山区，沿海亦盛产花岗石，自古以来石头就被广泛地应用于各类建筑中。在宋元时期，石构建筑更是成为最广泛的存在形式，出现了数量众多的石塔、石经幢、石桥和石牌坊等。著名的石塔如莆田的释迦文佛塔、泉州开元寺双塔及宝箧印经塔、晋江关锁塔，经幢如漳州的塔口庵经幢，石桥如洛阳桥、安平桥、江东桥等，无不是同类建筑中的佼佼者，在中国建筑史上占据相当重要的地位。

宋代石构建筑的多样式和它们在造型艺术及结构技术方面的成熟度，说明了福建古代工匠对石构件的运用，在入宋之后已经达到了驾轻就熟的完美程度，虽然它不可能扭转我国以木构建筑体系为主导的总趋势，但它们曾经的灿烂与辉煌对我国古代石塔、石桥的技术发展做出了不可磨灭的贡献，也是福建古代建筑的最大亮点之一。

## 三、完备于明清

如果说唐宋时期的福建早期古建筑表现出来的是点与线的发展脉络，那么到了明清时期，随着保存至今的建筑数量明显增加，已经显示出各类型建筑尤其是民居建筑的分区体系及发展演变。通过分析，我们可以将福建的古民居区分出闽东区、闽北区、闽西区、闽北区、闽南区等五大区系类型，虽然不同区系的形态分区并不能够在地图上以线条简单分隔，其差异之处也不能用文字笼统概括，但这种差别却是客观存在，并与当地深厚的历史及人文内涵息息相关。

福建的民居建筑主要为井院式，即各类建筑以天井为核心围合兴建，由此，前后各进厅堂的前立面也就成为建筑内部形态最重要的表征场所之一。从实际情况来看，福建各地厅堂的前部表现形式不尽相同，其中闽东在厅堂的前部加以游廊，闽北檐廊高挑，闽西檐廊低矮，闽中多做层楼前伸，闽南则设置相对独立的步廊。因此，檐廊类型的不同，可以成为我们对福建古民居进行区系划分的因素之一。此外，通过对于建筑整体外观、平面格局、门楼形态、梁架结构、檐廊类型、厅堂布局、内部装修与装饰等各方面的综合考量，也有助于民居建筑各分区体系的标准设立。同样，不同区域范围内明清时期的寺庙、桥梁、路亭以及特定类型的土楼、土堡等各类建筑，也会展现出不尽相同的区域特征。此外，还需要对各地的建筑技艺与匠师传承等加以深入的发掘，才有可能对数量已经达到一定规模的福建明清建筑的清晰、完整而全面的认识。

研究显示，闽东、闽北、闽中、闽西及闽南西部山区所流行的灰砖或夯土墙与木结构相结合的民居类型，反映出当地早期穿斗式民居在灰砖技术发展之后的延续；而与其形成强烈对比的，是在福清、莆仙和闽南沿海发展起来，占有统治地位的红砖红瓦建筑。这些建筑以红砖砌墙，红瓦铺顶，屋面举架较小，正脊却有着明显的曲起；正脊的两端多用燕尾，垂脊则饰以卷草。其色调华丽、装饰繁复、形象夸张，与中国自古以来崇尚的简洁、淡雅、藏拙风格形成鲜明反差。

福建土楼，被称为"世界建筑之瑰宝"，其生成的原因及其渊源关系至今仍不能有圆满的解释。土楼是福建民居中最典型、最有特色、最引人注目的一种建筑形式，它是特指用夯土墙承重的规模巨大的群体楼房住宅，类型主要有五凤楼、圆楼、方楼等。每一类型中又可以衍生出许多的变化，如五凤楼中的"三堂两横式""三堂四横式"，圆楼和方楼中的内通廊式、单元式等。每种土楼都可以向外自由延伸、扩展，或多个土楼相互连接，形成变化多端、丰富多样的土楼景观。土楼之外，还有土堡、庄寨、围垅屋等一系列的防御性民居建筑，凸显出明清时期福建山区严峻的治安形势。

同样出众的，还有福建的风雨廊桥，如武夷山的余庆桥等，其拱架构造酷似《清明上河图》中的汴水虹桥，以大圆木为拱骨，通过直线的交叉、连接，叠合出优美的曲线。

福建古建筑受山水地形、历史发展及方言差异等诸多影响，各地的建筑形态呈现出较大的差异，正所谓"东、西、南、北、中，面貌各不同"。建筑上的差异，既体现为外观色调的不同，也表现为建筑手法与内部结构的差别；而在独特性和多样性之中，又蕴含着许多的共性。正是由于这些多样的"个性"与"共性"，决定了福建古建筑的丰富多彩和独特风貌，也就有了以下这些弥足珍贵的建筑遗产，可以让我们体会到清晰、令人心跳的"矗立之美"。

汀州古城墙（陈子亮 摄）

# 汀州城墙

唐至民国
第七批
龙岩市长汀县汀州镇

汀州城墙始建于唐大历四年（769），汀州刺史陈剑将汀州治从东坊口迁此筑土为城，唐大中初年刺史刘峻始创敌楼179间，筑子城，称为"雄镇"。北宋治平三年（1066）首次对汀州城墙进行大规模扩建，城墙周长"五里二百五十步"，开辟六道城门。明洪武四年（1371）土城全部包以砖石，建女墙六百七十五丈。至明清时期，汀州古城墙总长为5000多米，设有12个城门，"枕山临溪为城"，形成"山中有城，城中有水"及"佛挂珠"的独特格局。

现存1500米城墙，将朝天门、宝珠门等联结在一起，成为长汀悠久历史的见证。

宝珠门（赖小兵 摄）　　朝天门（谢何平 摄）

三元阁（广储门）（谢何平 摄）

# 崇武城墙

明
第三批
泉州市惠安县崇武镇崇武半岛

崇武城墙位于崇武半岛东端海滨，地处泉州湾和湄洲湾之间，
形势险要。崇武古称小兜寨，宋初置巡检寨，元初改为巡检司，
明初在此设守御崇武千户所，现城墙于洪武二十年（1387）
由江夏侯周德兴为防倭而兴建。城墙砌以当地盛产的花岗岩，
周长 2567 米，城基宽约 5 米；外墙连女墙高约 7 米，内壁
分两层（部分三层）跑马道，外墙顶部立城垛子 1304 个（与
当年驻军人数相等），四方扩筑方形瞭望台 5 座。城内总面
积约 52 公顷，4 个城门均建有门楼，东、西、北三门加筑月城，
西侧临港最低处另辟水关一道。

崇武古城

崇武古城是中国现存最完整的丁字形石砌古城，是明
政府为抗击倭患，在万里海疆修筑的 60 多座卫所城
堡中仍保存完好的一座（成冬冬 摄）

崇武古城南城门外照墙上及偏东城壁上，还存有日寇炮击损坏的残迹（成冬冬 摄）

崇武古城是中国仅存的一座比较完好的明代石头城，也是中国海防史上一个比较完整的史迹（成冬冬 摄）

# 镇海卫城址

明
第七批
漳州市龙海区隆教畲族乡镇海村

镇海卫城址明洪武二十年（1387）始建，系明代福建为防御倭寇而建的五卫十二所中的卫城之一，几经重修，现存主要有城墙、城门、石铺街道等。城墙依山势用花岗岩和当地特有的火山岩乱石夹杂摆砌而成，现存长度2700米，高4~7米；其中东门及南门至水门一带的城墙保存较好，最高处7.2米，局部保留有女儿墙和走马廊的遗迹。原有东、西、南、北4城门和水门，南城门设有瓮城。城内保存较多的古建筑、古遗址，以及城隍庙、文庙、东岳庙、牌坊、古井、街巷民居等，为研究明代卫城制度、明清兵制沿革等提供了重要的实物资料。

镇海卫古城城墙（李晋泰 摄）　　　　　镇海卫古城（陈伟凯 摄）

镇海卫古城全景（叶建军 摄）

古城里现多为老人小孩居住（李晋泰 摄）

# 赵家堡—诒安堡

明、清
第五批
漳州市漳浦县湖西畲族乡赵家城村
漳州市漳浦县湖西畲族乡城内村

赵家堡是闽南聚族而居的土堡式聚落。始建于明万历二十八年（1600），万历四十七年（1619）扩建外城，崇祯七年（1634）再次增建，占地面积9.13万平方米，建筑面积1.08万平方米。为内外双城布局，其中内城周长220米，内建主楼完璧楼；外城周长1082米，石构城墙宽约2.6米，高4~6米。外城开城门四座，城内建有四组同式五进府第，六组同式三进堂屋，以及武庙、佛庙、禹庙、石坊、石塔等建筑；北侧辟有内外荷花池，上建汴派桥一座，以明代文人的私家造园手法，隐喻其赵宋皇族之后的精神境界。

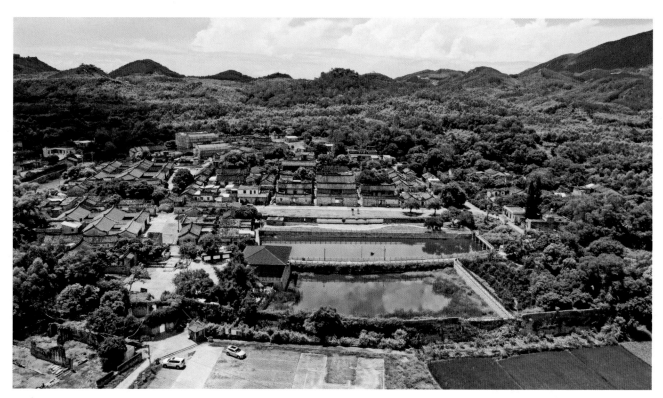

俯瞰赵家堡（李莺汉 摄）

赵家堡东方钜阵（王江福 摄）

赵家堡汴派桥（邱志民 摄）

赵家堡石刻

赵家堡官厅（吴瑜琨 摄）

诒安堡位于漳浦县湖西畲族乡城内村，是集防御、祭祀、就读、起居于一体的官宅府第。始建于清康熙二十六年（1687），为太常寺卿、湖南布政使黄性震捐资建造，世代聚族而居。平面为锁形，总面积1.8万平方米。石砌堡墙周长1200米，高6.7米，厚2.2米，共设365个垛口、30条登城石阶；有四座城门，二座角楼，城墙上可供走马，城外开凿护城河。城中沿中轴线建大宗祠堂、府第、土楼，两侧建大小宗、官厅、东西轩、燕诒堂、勉求轩，以及武庙、广平王庙、祖师公庙、土地庙等，共95座建筑。全堡规划严密，街巷整齐，规模宏大，是清代闽南民间城堡的代表作。

诒安堡东门（叶建军 摄）

诒安堡全景（叶建军 摄）

泰宁尚书第（周志鸿 摄）

泰宁尚书第（高爱民 摄）

# 泰宁尚书第建筑群

明

第三批

三明市泰宁县城关福堂巷

泰宁尚书第建筑群位于泰宁县城东的尚书街南侧。是以尚书第、世德堂为代表的明清建筑群，总面积1.27万平方米。其中尚书第主体5幢，亦称"五福堂"，始建于明天启六年（1621），系明朝兵部尚书、少保兼太子太师李春烨的府第，占地5700多平方米；世德堂6幢，6000多平方米，系明早、中期建筑；李氏宗祠1幢，占地770平方米，系清中期建筑；梁家、江家、陈家及其他辅房多幢1500平方米，均为明清建筑。地方特色突出、布局保存完整，是典型的闽西民居建筑群落。

尚书第建筑群，坐落于泰宁县城内胜利二街福堂巷，是福建现存规模最大、保存最完整的明代民居，整个府第布局严谨合理，宏伟壮观（阮任艺 陈映辉 摄）

# 福建土楼

明至中华人民共和国
第四批

漳州市华安县仙都镇大地村，南靖县书洋镇上板村、梅林镇璞山村、梅林镇坎下村，平和县大溪镇庄上村、芦溪镇蕉路村，漳浦县深土镇锦江村

龙岩市新罗区适中镇中心村，永定区下洋镇初溪村、高头乡高北村、湖坑镇洪坑村、湖坑镇西片村、湖坑镇新南村

福建土楼是世界上独一无二的山区大型夯土民居建筑，创造性的生土建筑艺术杰作。福建土楼依山就势，布局合理，吸收了中国传统建筑规划的"风水"理念，适应聚族而居的生活和防御的要求，巧妙地利用了山间狭小的平地和当地的生土、木材、鹅卵石等建筑材料，是一种自成体系，具有节约、坚固、防御性强特点，又极富美感的生土高层建筑类型。

华安大地土楼群之南阳楼（赖小兵 摄）

福建土楼现存圆楼、八角楼、纱帽楼等30多种各式土楼，与北京四合院、陕西窑洞、广西"栏杆式"、云南"一颗印"，并称汉族五大传统样式住宅。福建土楼的结构外高内低，楼内有楼，环内有环，通风、采光、抗震、隔音、保温、防卫等功能。2008年，46座土楼组成的福建土楼列入世界遗产名录。

华安大地土楼群的主楼——二宜楼，被誉为"土楼之王"

永定初溪土楼之绳庆楼（严硕 摄）

永定初溪土楼群（卢鸣浪 摄）

永定高北土楼群之承启楼（赖小兵 摄）

永定洪坑土楼群之庆城楼（卢鸣浪 摄）

永定高北土楼群

南靖云水谣土楼群之怀远楼（卢鸣浪 摄）

南靖田螺坑土楼群（简喜梅 摄）

矗立之美 古建筑篇

安贞堡内的木式建筑具有很高的艺术观赏和科考鉴赏价值（赖小兵 摄）　安贞堡内最豪华、神圣的"四柱出厅"（范淑桦 摄）

安贞堡内前后分为三进，建有正堂、下堂 18 处，大小房间 360 余间（刘冬春 摄）

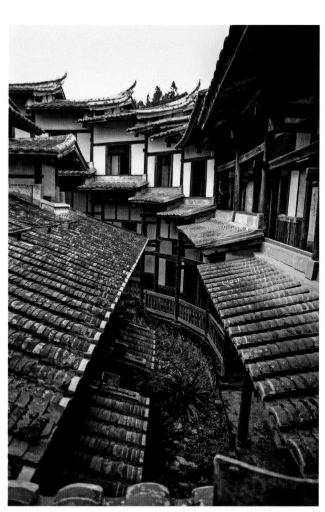

安贞堡内穿斗与抬梁式结构相结合，随地势渐次升高。城堡的木建筑分为上下两层，每层有内走廊

# 安贞堡

**清**
第五批
三明市永安市槐南乡洋头村

安贞堡位于永安市槐南乡洋头村西 1.5 千米处。始建于清光绪十一年（1885），光绪二十四年（1898）竣工。大型围垅式土堡民居，堡前有宽敞大坪，总占地面积 1 公顷，建筑面积 6000 平方米。堡坐西朝东，外围堡墙用厚石垒砌加土夯制，高两层 9 米，厚约 4 米；平面前方后圆，东西 64 米，南北 57.4 米；居中设正门，两侧有外凸式角楼。堡内民居主体是沿中轴对称的二层三进合院，轴线上排列厅堂，两旁护厝，周边为围廊式楼屋，共有 368 个房间；屋檐、门扇、窗棂、柱础、斗拱、梁架、雀替等随处可见雕刻、彩绘、泥塑和壁画。建筑随地势起伏而逐次升高，远望悬山屋顶层层叠叠、错落有致。

# 蔡氏古民居建筑群

清

第五批

泉州市南安市官桥镇漳里村

蔡氏古民居清同治六年（1867）始建，至宣统年间（1909—1911）告竣。多为旅居菲律宾华侨、清资政大夫蔡资深为其弟辈及子弟所建，现存宅第19座，书房1座，有序地分布于东西长200多米、南北宽100多米的长方形地块中，占地面积3万多平方米。宅第的主体多为硬山式燕尾脊、五开间大厝加两侧护屋，多幢建筑前后平行规整布局，厝前铺石埕，山墙之间留出2米宽、南北贯穿的防火通道，是清晚期闽南民居建筑群落的优秀代表。

蔡浅厝内景（成冬冬 摄）

蔡氏古民居

蔡氏古民居砖雕（成冬冬 摄）　　蔡氏古民居木雕（李想 摄）

蔡氏古民居石雕（成冬冬 摄）

三坊七巷衣锦坊水榭戏台（王昌庶 摄）

# 三坊七巷和朱紫坊建筑群

明至民国
第六批
福州市鼓楼区三坊七巷、朱紫坊

三坊七巷位于福州市鼓楼区八一七北路两侧、安泰河南北两岸。三坊七巷以南后街为轴线，三坊在西，自北向南依次为衣锦坊、文儒坊、光禄坊；七巷在东，自北向南依次为杨桥巷、郎官巷、塔巷、黄巷、安民巷、宫巷、吉庇巷。三坊七巷历代文人荟萃，著名的有黄璞、陈烈、沈葆桢、严复、林旭、林觉民、冰心、郁达夫等。

朱紫坊位于津泰路南，旧名三桥，因宋代居住于此的通奉大夫朱敏功兄弟四人皆登仕榜，满门朱紫而得名；坊内名人有清代水师管带方伯谦、海军耆宿萨镇冰、中山舰舰长萨师俊等。

坊巷之中保存着大量明、清时期民居建筑和庭院园林，街巷格局完整，被誉为"中国明清建筑博物馆"。

三坊七巷（严孙锦 摄）

三坊七巷被誉为里坊制度活化石

朱紫坊毗邻安泰河（李鹏梅 摄）　　　　三坊七巷中轴南后街（林文强 摄）

朱紫坊建筑群俯瞰（严硕 摄）

# 培田村古建筑群

明至清
第六批
龙岩市连城县宣和乡培田村

培田村古建筑群是闽西具有代表性的客家村落建筑群。古民居群占地 71900 平方米，由 30 幢高堂华屋、21 座宗祠、6 所书院、5 个庙道观、2 道牌坊、1 条千米古街组成。民居多由门楼、正厅、后厅和左右数排横屋组成，布局科学、式样独特；木刻、灰塑、石雕、漆画等工艺精湛，折射出深厚的文化底蕴，是中国客家建筑的杰出代表。

培田古村落（那兴海 摄）

连城县培田古村航拍（严硕 朱晨辉 摄）

培田古村落，至今仍保留着大量明清时期客家民居建筑
（陈扬富 摄）

培田古民居恩荣牌坊（郭晓丹 摄）

矗立之美　古建筑篇

# 漈下建筑群

明至清
第七批
宁德市屏南县甘棠乡漈下村

漈下建筑群主要建筑由龙漈仙宫、云路门、龙山公祠、飞来庙、甘氏
支祠、聚宝桥、峙国亭、迎仙桥组成，属村落型古建筑群。村民单姓甘，
于明正统二年（1437）迁此，谱系完整、清晰，传九代而有甘国宝。
甘国宝以武进士出身，两任台湾挂印总兵，升福建水师提督等职，
村中留有大量甘国宝早年生活、习武的史迹与故事。村落建筑以祠
为本，公共建筑多与防御及风水有关，村落建筑可以清晰区分成明、
清二个时期，是研究我国古代宗法制度下血缘古村落发展演变、建
筑空间分布与数量配置的范例。

漈下村航拍（朱晨辉 摄）

村里仍存有甘国宝回乡省亲时带回的一面由乾隆皇帝御笔的"福"字匾

漈下北门城楼

漈下村龙漈仙宫（朱晨辉 摄）

# 泉港土坑村古建筑群

清
第八批
泉州市泉港区后龙镇土坑村

泉港土坑村古建筑群主要建筑有百万大厝、施布当铺、肇元进士第、长春堂药铺、万捷十三行、绣花楼、来铺当铺、建珍大厝等，建造于清朝中期，占地面积约3677平方米，建筑总面积约3329平方米。建筑群坐西北朝东南，平面呈规整的矩形，由中轴线门埕、门厅、天井及其左右廊、正厅组成；立面为红砖和红瓦，红砖铺地，硬山顶燕尾脊。建筑内外石雕、木雕、砖雕和泥灰雕等设计精巧、技艺精湛，兼具闽南传统红砖文化与海洋文化的特征。

万捷十三行等沿街商铺（成冬冬 摄）

泉港土坑古建筑群（成冬冬 摄）

来铺四间张之万字纹花格窗（成冬冬 摄）

百万大厝砖雕（成冬冬 摄）

百万大厝砖雕（成冬冬 摄）

施布当铺瓷砖彩绘

矗立之美 古建筑篇

竹头寨（陈成才 摄）

# 永泰庄寨建筑群

清
第八批
福州市永泰县

仁和庄（陈成才 摄）

永泰庄寨建筑群位于永泰县同安镇同安村、三捷村、洋尾村，丹云乡翠云村，白云乡寨里村，大洋镇大展村，霞拔镇锦安村，东洋乡周坑村，长庆镇中埔村、盖洋乡盖洋村、大展村。由谷贻堂、绍安庄、积善堂、昇平庄、嘉禄庄、仁和庄、爱荆庄、竹头寨、中埔寨、和城寨、盖洋三对厝等 11 处共 13 座庄寨构成，均为清代修筑。每座的建筑面积在 2600~7700 平方米，充分结合周边山形水系，并兼顾防御与实用需要。建筑以二层楼为主，由庄前谷坪、门坪、庄门、庄墙、门厅、前楼、厢房、正堂、后轩及碉式角楼、跑马廊等组成，内庄外寨，居防一体，是围合式防御设施与中轴对称传统井院式大厝的完美结合。

昇平庄（陈成才 摄）

宝善庄（堂）（陈成才 摄）　　　　　　　绍安庄（陈成才 摄）

谷贻堂（长万旧厝）（陈成才 摄）

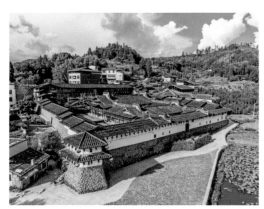

爱荆庄（陈成才 摄）

中埔寨（八卦寨）（陈成才 摄）

积善堂（陈成才 摄）

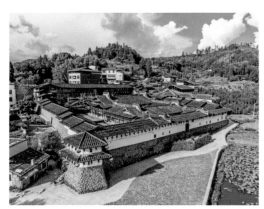

矗立之美 古建筑篇

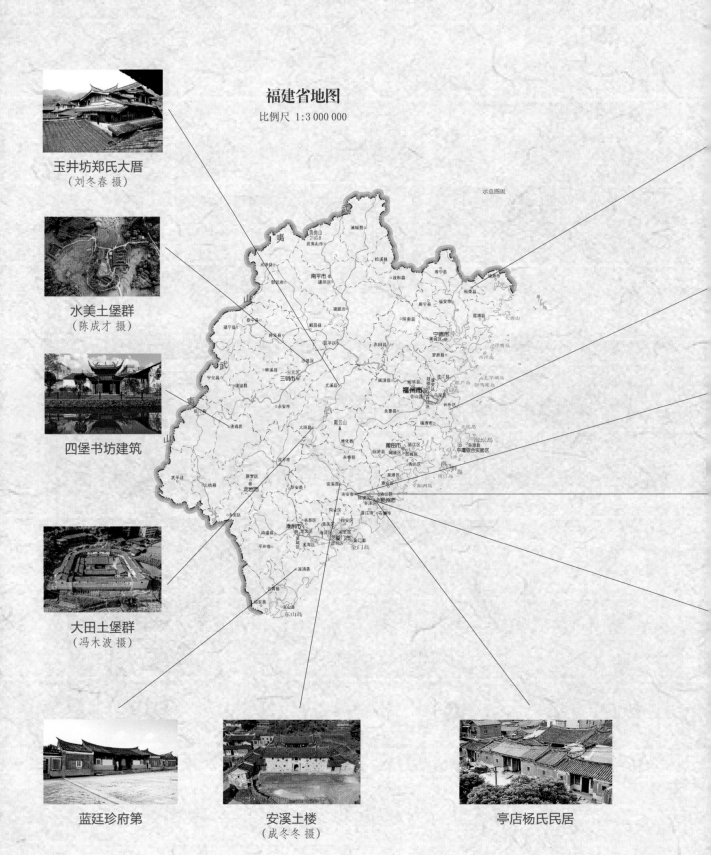

福建省地图

比例尺 1:3 000 000

示意图版

玉井坊郑氏大厝
（刘冬春 摄）

水美土堡群
（陈成才 摄）

四堡书坊建筑

大田土堡群
（冯木波 摄）

蓝廷珍府第

安溪土楼
（成冬冬 摄）

亭店杨氏民居

凤岐吴氏大宅
（吴恩银 摄）

九头马民居

南安中宪第
（成冬冬 摄）

坂埔古厝

南安林氏民居
（成冬冬 摄）

审图号：闽 S〔2022〕127 号

福建省制图院　编制

福建省自然资源厅　监制

注：资料截至 2022 年 6 月。

底图引用：http://bzdt.fjmap.net/

# 宅第民居

泰宁尚书第

福建土楼

安贞堡

三坊七巷和朱紫坊建筑群

培田村古建筑群

漈下建筑群

蔡氏古民居建筑群

泉港土坑村古建筑群

永泰庄寨建筑群

四堡书坊建筑

大田土堡群

蓝廷珍府第

九头马民居

亭店杨氏民居

南安林氏民居

南安中宪第

玉井坊郑氏大厝

凤岐吴氏大宅

安溪土楼

坂埔古厝

水美土堡群

# [坛庙祠堂]

## 陈太尉宫

宋至清

第五批

福州市罗源县中房乡乾溪村

陈太尉宫原称陈氏宗祠，始建于五代后梁开平三年（909），南宋嘉定二年（1209）及明、清时期多次重修、扩建。坐西向东，由正殿、两侧配殿、戏台、门楼等组成，总建筑面积1155平方米。大殿为宋代原构，面阔一间，进深两间，抬梁式构架，梭柱，单檐九脊顶；明代扩建时添建下檐，现为面阔三开间，进深九间，重檐九脊顶。明、清时期陆续添建左右配殿、戏台、山门，各座建筑的建造时间经碳-14测定，前后跨越800多年，是研究古代建筑发展及民间祠庙建筑组群构成的杰出范例。

陈太尉宫正门（刘其燚 摄）

陈太尉宫全景（游永健 摄）

# 泉州府文庙

宋至清
第五批
泉州市鲤城区中山中路泮宫内

泉州府文庙始建于唐开元末年，由当时的宰相张九
龄题匾"鲁司寇庙"，北宋太平兴国初年移建于此，
南宋绍兴七年（1137）重建，历代重修。坐北朝南，
左学右庙，规制完整，占地面积达 6.7 万平方米。
大成殿面阔七间 35.3 米，进深五间 22.7 米，重檐
庑殿顶，翼角起翘显著，正脊曲线较大。殿前露台
为须弥座，束腰处嵌有雕刻精美的宋代青石浮雕；
由宋朱熹勒石和泉州太守王梅溪题诗的夫子泉、井、
碑等保存完好。泉州府文庙是泉州世界文化遗产的
重要组成。

宋《泉州重建州学记》
石碑拓片

明嘉靖三十四年（1555）
的"洙泗桥"碑（成冬冬 摄）

泉州府文庙是东南地区名闻遐迩的文庙建筑（朱晨辉 摄）

泉州府文庙主体建筑大成殿为典型的宋代重檐庑殿式结构（成冬冬 摄）

泉州府文庙大成殿内为斗拱抬梁式木结构，以48根白石柱承托，正面有浮雕盘龙檐柱8根，风格古朴，在全国现存文庙中较为罕见（成冬冬 摄）

漳州府文庙夜色（陈惠苹 摄）

# 漳州府文庙大成殿

明
第五批
漳州市芗城区修文西路

漳州府文庙大成殿始建于南宋绍兴九年（1139），明成化十八年（1482）重修。文庙中轴线上依次为戟门、丹墀、月台、大成殿，两旁为东西两廊及敬一亭等。大成殿为明代建筑，面阔五间23.2米，进深六间23.7米，建筑面积625平方米；重檐歇山顶，斗拱之上设井口天花，草架柱落在柱头科齐心斗上。该殿屋檐起翘显著，两山山尖升起较高，正脊弯起，山花挑出于山柱之外，是闽南大型殿堂建筑的重要实例。

漳州文庙大成殿（赖小兵 摄）

铜山（东山）关帝庙是全世界关帝庙的祖庙（崔健楠 摄）

八闽物语

150

# 东山关帝庙

明至清
第四批
漳州市东山县铜陵镇风动石景区

东山关帝庙原名关王庙，又称武庙，是台湾众多关帝庙的祖庙。位于东山县铜陵镇岵嵝山（俗称"龙岭"）东南，倚山临海，与东门屿隔海相望。始建于明洪武二十二年（1389），明正德三年（1508）择现址重建；清初毁坏，康熙十九年（1680）重建，历次维修。主体建筑坐西朝东，中轴线上有太子亭、中殿、正殿等，建筑面积680平方米。正殿面阔三间，进深六间，金木雕、石雕琳琅满目，金碧辉煌。

关帝崇拜（李晋泰 摄）

# 德远堂

清
第六批
漳州市南靖县书洋镇塔下村

德远堂系张氏祠堂，又称张氏家庙，位于南靖县书洋镇塔下村东面山坡上。始建于明，经历代修缮，现存建筑保持清代风格。坐西北朝东南，占地面积近 10 公顷；主体建筑面阔三间，两侧厢房与主体建筑不相连，面阔五间、进深一间，合计建筑面积约400 平方米。堂前为天井和照壁，辟有半圆形泮池，24 支高过10 米的石龙旗杆环池而立，其中为清乾隆至光绪年间考中举人、进士等功名族人所立的达 14 杆；堂后是眉月形斜坡草地，是"天人合一"思想的完美体现。

德远堂堂前为半月塘，堂后为眉月形斜坡，寓意天人合一
（赖小兵 摄）

德远堂楼牌，正面书写"张氏家庙"，背面写着"派衍西来"
（赖小兵 摄）

石旗杆夜色（张志坚 摄）

# 施琅宅、祠、墓

清

第六批

泉州市晋江市龙湖镇衙口村

泉州市惠安县黄塘镇虎窟村鹤顶山南麓

施琅祠由施氏大宗祠与其东面的施氏小宗祠、西面的靖海侯府以及背面的都督府、东衙、西衙等组成清初建筑群落。施氏大宗祠和靖海侯府系清康熙二十六年（1687），由靖海侯施琅在平台后荣归故里所建。祠坐北朝南，硬山顶三进五开间带单护厝，东西宽 21.85 米，南北长 66.42米，建设面积 1451 平方米。祠内壁间嵌有清康熙二十八年（1689）施琅撰写的《建祠告成碑文》、清康熙三十八年（1699）"天下第一清官"施世纶撰写的《祀典租额碑记》等。靖海侯府南北长 50.98 米，东西宽38.04 米，由前庭、门厅、天井、中堂、后堂、护厝等组成，总建筑面积2334 平方米。

靖海侯府内的施琅将军石像

左为靖海侯府，即施琅宅，五间张，三落，带东西护厝；右为施琅祠

矗立之美　古建筑篇

155

祠内匾额琳琅满目，富有内涵（成冬冬 摄）

靖海侯府（成冬冬 摄）

施氏大宗祠是典型闽南硬歇山顶皇宫式建筑（成冬冬 摄）

施琅墓于清康熙三十六年（1697）建，系清代福建水师提督、靖海侯施琅暨夫人王氏、黄氏合茔。坐北朝南，南北长500米，东西宽137米，占地面积约6.85万平方米。墓茔用三合土构筑，"凤"字形，长36米、宽30米；墓碑圭形，长2米，宽1.9米，上刻"皇清光禄大夫太子少傅靖海将军襄壮施公赐茔"。墓区由北向南逐层降低，依次立有石文武官四尊、石马、石虎、石羊、石狮各一对，"钦赐祭葬"石坊一座、石望柱一对、谕祭碑亭三座、龟趺神道碑亭一座。整体布局完整匀称，规模浩大，庄严肃穆。

施琅墓谕祭碑（赖小兵 摄）　　施琅墓前石像生（赖小兵 摄）

施琅墓"钦赐祭葬"石坊（成冬冬 摄）

施琅墓布局完整，规模浩大（林晨歌 摄）

# 妈祖庙

清
第六批
莆田市秀屿区湄洲镇湄洲岛宫下村

湄洲妈祖庙背山面海，依山而建，现存寝殿、正殿、圣父母祠3座
庙宇。其中寝殿占地面积238平方米，是在北宋初的妈祖纪念祠旧
址上，于民国年间重修而成，由门殿、主殿和两庑组成，沿用部分
明、清石柱和柱础，并保存了宋代天井。正殿于明永乐初（1403）
由郑和奉旨建造，原为朝天阁，清康熙二十二年（1683）重修并改
为正殿，重檐歇山顶，面阔三间，进深三间。圣父母祠于南宋初建，
现存建筑为清初重修，正堂面阔三间、进深一间，悬山顶。附属文
物中，有明代祖庙住持僧照乘在崖上题刻的"升天古迹"摩崖石刻，
以及各种题刻、碑铭、祭器、銮驾、卤簿等。

妈祖寝殿内举办盛大的祭拜活动（蔡昊 摄）

湄洲岛妈祖庙远眺（蔡昊 摄）

湄洲岛日出（蔡昊 摄）

# 建瓯东岳庙

清
第六批
南平市建瓯市建安街道东门村

建瓯东岳庙始建于晋，清康熙十一年（1672）重建，之后多次续修。坐北朝南，前临建溪，后依白鹤山，按中轴线依次为金刚殿（山门）、阎罗殿、戏台、圣帝殿、大奶殿等，占地约 26640 平方米。主体建筑圣帝殿平面呈方形，面阔五间，进深四间；重檐歇山顶，屋面坡度陡峻，达 50°；金柱粗大，用拼柱法制作，直径达 75~78 厘米。

东岳庙圣帝殿为明清建筑，柱头铺作施清式人字斗拱，藻井四面托以清式如意斗拱（李世雄 摄）

东岳庙圣帝殿（吴震 摄）

东岳庙全景（吴震 摄）

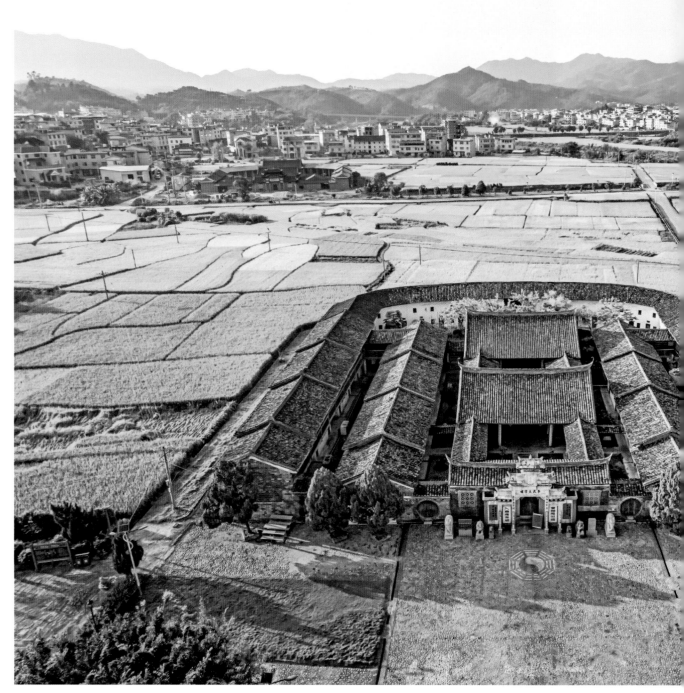

李氏大宗祠（蓝善祥 摄）

# 官田李氏大宗祠

清
第七批
龙岩市上杭县稔田镇官田村

官田李氏大宗祠也称惇叙堂，是宋代入闽粤李氏始祖李火德的纪念祠。于清道光十九年（1839）建成，占地面积5600平方米。坐北朝南，主座平面呈"回"字形，前方后圆，前低后高，沿南北中轴线前后依次为池塘、前坪、下堂门厅、前天井、中堂、后天井、上堂惇叙堂、后院、半圆围屋等，共有大厅3间、客厅26间、住房104间。宗祠由李氏后裔集资合建，建好后按各地李氏后裔捐款数额分配房屋，现在房门上仍标有某公之房间，是在海内外具有较大影响力、亲和力的客家祖祠之一。

李氏大宗祠，即火德公祠（也称惇叙堂），是李氏后裔为纪念其入闽始祖李火德公建造的宗祠（赖小兵 摄）

建瓯文庙
（吴震 摄）

福安黄氏祠堂
（占雪花 摄）

正顺庙
（谢守明 摄）

芝溪宗祠建筑
（吴健衡 摄）

采眹公祠

平和城隍庙
（陈长青 摄）

李光地宅和祠
（成冬冬 摄）

安溪文庙
（成冬冬 摄）

真武庙（泉州港古
建筑）
（成冬冬 摄）

漳州林氏宗祠
（郑玉莲 摄）

漳浦文庙大成殿
（赖小兵 摄）

林氏义庄
（严硕 摄）

陈埭丁氏宗祠
（王沧海 摄）

福州文庙
（林书 摄）

永春文庙
（汉祥 摄）

仙游文庙
（蔡昊 摄）

审图号：闽 S〔2022〕127 号

福建省制图院　编制

福建省自然资源厅　监制

注：资料截至 2022 年 6 月。

底图引用：http://bzdt.fjmap.net/

# 坛庙祠堂

陈太尉宫

泉州府文庙

漳州府文庙大成殿

真武庙（泉州港古建筑）

东山关帝庙

德远堂

施琅宅、祠和墓

妈祖庙

建瓯东岳庙

官田李氏大宗祠

漳州林氏宗祠

漳浦文庙大成殿

陈埭丁氏宗祠

正顺庙

安溪文庙

林氏义庄

福州文庙

平和城隍庙

李光地宅和祠

仙游文庙

建瓯文庙

芷溪宗祠建筑

福安黄氏祠堂

永春文庙

采陔公祠

## 清净寺

宋
第一批
泉州市鲤城区涂门街中段

清净寺又名"圣友寺"，始建于宋大中祥符二年
（1009），元至大三年（1310）及明、清两朝多
次重修。主体建筑基本保持11至14世纪建筑风格，
现存门楼、奉天坛等，其中门楼通高12.3米，基宽6.6
米，由高度依次递减的三层四道高大且相连的半穹
顶或穹顶尖拱门组成，门顶和龛内刻有古体阿拉伯
文古兰经；奉天坛在门楼西侧，坐西朝东，为诵经
礼拜之所。清净寺为我国现存最早的伊斯兰教建筑
遗迹之一，反映出当时泉州对外通商贸易的盛况。
清净寺是泉州世界文化遗产的重要组成。

清净寺门楼（赖小兵 摄）　　　　　　　　奉天坛（成冬冬 摄）

清净寺位于鲤城区涂门街中段（朱晨辉 摄）　　　　　　　　　　清净寺晚霞（陈英杰 摄）

清净寺刻阿拉伯文墙体（成冬冬 摄）

矗立之美　古建筑篇

16

华林寺大殿用材粗巨，一改南方建筑婉约秀美之印象（陈成才 摄）

# 华林寺大殿

宋

第二批

福州市鼓楼区华林路 78 号

福州华林寺（陈成才 摄）

华林寺大殿位于福州市屏山南麓。创建于北宋乾德二年（964），初名越山吉祥禅寺，明正统间改称今名。原有建筑布局大部废毁，现仅存大雄宝殿。大殿原构面阔三间，进深四间，八架椽屋前后乳栿对四椽栿，平面略呈方形，单檐九脊顶，全高 12.8 米。斗栱用材特大，斗底作皿板形，梁、栿、前檐阑额均为月梁造，梭形柱，不施普柏枋。按有确切年代木构古建筑的时代排名，大殿名列全国第七位；若按地域划分，则是长江以南最古老的木构建筑，是研究唐、宋间古建筑构造及其演变的珍贵实物资料。

华林寺大殿梁架（陈成才 摄）

矗立之美

古建筑篇

## 泉州开元寺

宋至清
第二批
泉州市鲤城区西街

泉州开元寺位于鲤城区西街中段。创建于唐垂拱二年（686），初名莲花寺，开元二十六年（738）改今名。坐北朝南，现存主要建筑有天王殿、拜亭、大雄宝殿、戒坛、藏经阁、功德堂和东西石塔等。大雄宝殿名曰紫云大殿，系明代重建，面阔九间，进深六间，重檐歇山顶，高 20 米；斗栱附饰飞天乐伎，为国内木构建筑所少见。大殿东西两侧有建于宋代的五层八角仿木楼阁式石塔一对，东塔名镇国塔，高 48.24 米；西塔名仁寿塔，高 44.06 米。双塔雕刻精致，雄伟壮丽，是历史文化名城泉州的重要标志。开元寺是泉州世界文化遗产的重要组成。

开元寺大雄宝殿又称紫云殿，是开元寺主体建筑（戚冬冬 摄）

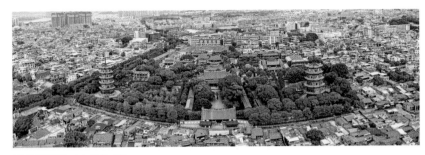

泉州开元寺（朱晨辉 摄）

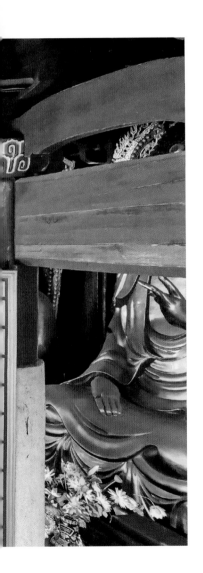

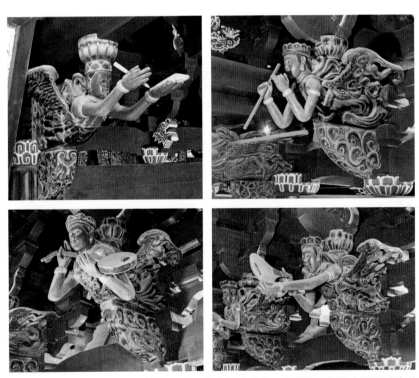

大雄宝殿斗拱上有"飞天乐伎"24 尊，集华教妙音鸟、基督教天使和中国飞天造型于一身（成冬冬 摄）

泉州开元寺（陈世哲 摄）

大雄宝殿前月台须弥座的 72 幅狮身人面青石浮雕（成冬冬 摄）

东塔（镇国塔）（成冬冬 摄）

东塔一层明景泰七年题刻（成冬冬 摄）

东塔局部（成冬冬 摄）

宋代二塔为宝箧印经式石塔

西塔（仁寿塔）（成冬冬 摄）

西塔塔基局部吹哨人

西塔玄奘浮雕

# 泉州天后宫

*清*
*第三批*
*泉州市鲤城区天后路*

泉州天后宫始建于南宋庆元二年（1196），以宋徽宗钦赐妈祖庙额"顺济"为名，称顺济庙；元至元十五年（1278），易名天妃宫；清康熙二十三年（1684）称天后宫。天后宫坐北朝南，主体建筑保留明清时期建筑风格，有山门、戏台、东西阙、正殿、东西廊、寝殿、东西轩、四凉亭、两斋馆和梳妆楼等，总面积7200多平方米。布局严整，规模宏大的泉州天后宫是海内外众多天后庙宇的建筑范本，也是历史上天后信仰极为重要的传播中心，是泉州世界文化遗产的重要组成。

天后宫正殿（成冬冬 摄）

正殿内供奉天后像及诸辅神像，神龛上为清雍正皇帝御书"神昭海表"横匾（成冬冬 摄）

泉州天后宫为全国规格最高、规模最大的天后宫（成冬冬 摄）

清嘉庆年间的《重兴天后宫碑记》（成冬冬 摄）

天后宫寝殿，又称后殿，檐廊下为一对方形青石雕花的宋元婆罗门教门石柱（成冬冬 摄）

天后宫正殿须弥座束腰浮雕刻"鲤鱼化龙"（成冬冬 摄）

正殿后方清道光年间绘制的大型壁画《敕封天上圣母图》，描绘了当时湄洲岛天后宫的建筑格局（成冬冬 摄）

天后宫戏台坐南朝北，与正殿相对。旧时每逢天后诞辰或升天之日等，均得奉献戏曲（成冬冬 摄）

# 元妙观三清殿

宋

第四批

莆田市荔城区梅园东路 391 号

元妙观三清殿创建于唐贞观二年（628），北宋大中祥符八年（1015）重修，初名天庆观，元改玄妙观，清初更名元妙观至今。建筑群原以山门、三清殿、通明殿、九御殿、四宫殿为中轴线，以五帝庙、东岳殿和五显庙、西岳殿为两翼，规模宏大，现仅存山门、三清殿及明清时重修的东、西岳殿等。三清殿坐北朝南，面阔 7 间，进深 6 间；重檐歇山，斗拱用材宏大，殿内 20 根柱子柱头微具卷杀，柱础为复瓣莲花盆，两柱之间只施阑额，不用普柏枋。三清殿宋代建筑制式明显，与福州华林寺、宁波保国寺并称我国南方古建筑的三大杰作。

三清殿内殿竖有 20 根木石连接大柱（蔡昊 摄）

元妙观全景（蔡昊 摄）

三清殿建筑细部（蔡昊 摄）

三清殿现入驻有莆阳书院，成为市民文化空间（蔡昊 摄）

# 青礁慈济宫

宋至清
第四批
厦门市海沧区海沧镇青礁村

青礁慈济宫俗称慈济东宫，位于厦门市海沧区海沧镇青礁岐山东南麓之东鸣岭下。始建于南宋绍兴二十一年（1151），奉祀北宋著名民间医生吴夲。建筑依山而建，沿中轴线有前殿、天井、拜亭、正殿、后殿，天井两侧为双层钟鼓楼，前后设廊庑相连。现存主殿重建于清初，坐西朝东，面阔19.54米，进深51.86米。大量珍贵的石雕、木雕，以及形象生动、色彩艳丽的彩绘、彩画等作品，充分体现出清代闽南建筑的雕刻技艺和彩绘水平。

青礁慈济宫内有大量石雕、木雕、彩绘艺术品，体现了闽南匠师的精湛工艺（石小文 摄）

青礁慈济宫奉祀北宋民间名医吴夲。吴夲又被称为"吴真人""保生大帝"（陈伟凯 摄）

青礁慈济宫主殿（石小文 摄）

白礁慈济宫斗拱藻井（赖小兵 摄）

# 白礁慈济宫

宋至清
第四批
漳州市龙海区角美镇白礁村

白礁慈济宫俗称慈济西宫，宋高宗绍兴二十年（1150），为祀民间名医吴夲敕建。沿中轴线依次建有山门、前殿、拜殿、大殿、后殿等，面积约1600余平方米。大殿重檐歇山，面阔5间，进深3间。现存于宫前的石狮及殿前石壁上的"飞天神兵""狮子戏球"浮雕等为宋代原物。白礁慈济宫是台湾同胞寻根谒祖的圣地之一。

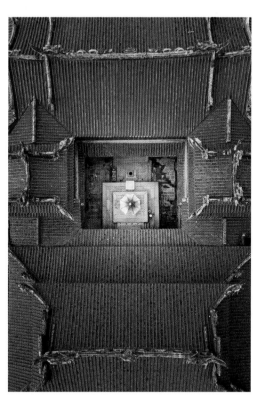

白礁慈济宫金碧辉煌（严硕 摄）

白礁慈济宫的重檐歇山顶（严硕 摄）

慈济祖宫中门两旁的石狮已有800多年历史
（赖小兵 摄）

宝山寺是中国仅有的一座全仿木石结构的古代寺庙。大殿面阔 5 间，进深 4 间，大殿和围墙仍保留着元代仿木
石构建筑的风貌（林峥嵘 摄）

# 宝山寺大殿

元

第五批

南平市顺昌县大干镇上湖自然村宝山峰顶

宝山寺大殿始建于元至正二十三年（1363），明万历四十二年（1614）重修。寺坐南朝北，由山门、前殿、拜亭、厢房、大殿及围墙等建筑组成。大殿为石仿木结构，面阔五间 15.8 米，进深四间 12.35 米，建筑面积 195 平方米，单檐悬山顶，除两扇大门外，柱、梁、斗拱、檩、屋面瓦件、脊饰、鸱吻等俱为石材，梁架按木构形制做出梭柱、月梁、剳牵等；柱础为素面、覆盆、覆莲三种形式，并与柱顶石连为一体。该殿有明确的修建纪年，为研究我国南方宋元建筑形制及技术发展提供了宝贵实例。

宝山寺大殿仿木石围墙（林峥嵘 摄）

宝山寺建筑细部（林峥嵘 摄）

石制香炉（林峥嵘 摄）

莲社七祖石造像（陈成才 摄）

# 名山室

宋至元
第六批
福州市永泰县大洋镇棋杆村高盖山

名山室由大殿、东偏室（灵龟洞）、西偏室（金水洞、观音洞）组成，占地面积约 300 平方米。大殿坐南朝北，面阔三间，进深一间，穿斗式木构架，单坡顶，后半部分隐于岩洞内，尚存唐代石柱和台阶。金水洞内的祖师殿，建于南宋崇宁年间（1102—1106），面阔一间 4 米，进深三间 4.5 米，抬梁式木构架，歇山顶。观音洞内有宋代石观音坐像和石构佛帐，灵龟洞北侧岩面上分布着宋元两期石窟造像浅浮雕，高约 2 米，宽 10 余米，其中的莲社七祖石造像是全国仅存的白莲菜遗迹。

宋元时期石窟造像浅浮雕（陈成才 摄）

名山寺全景（陈成才 摄）

名山寺大殿（陈成才 摄）

# 安海龙山寺

明至清
第七批
泉州市晋江市安海镇型厝村北

安海龙山寺是台湾400多座龙山寺的祖庙，始建于隋朝，历代重修。现存主体建筑为清同治十二年至光绪五年（1873—1879）重建。寺坐北朝南，由放生池、山门、钟鼓楼、前殿、正殿与后殿组成，占地面积约4250平方米，建筑面积1073.6平方米。山门分内外两座，外山门建于明天启三年（1623），内山门为清康熙年间施韬立、总兵颜克英书。寺内保存有清光绪五年（1879）泉台郊商行号及船号的捐资重修碑、张瑞图等明清两代名人名家手书的匾额和楹联，以及主供的木雕千手观音雕像等。

龙山寺山门（成冬冬 摄）

龙山寺内殿（施清凉 摄）

龙山寺全景（许保全 摄）　　　　安平镇龙山寺重兴碑记（赖小兵 摄）

安海龙山寺千手观音（戍冬冬 摄）

# 古田临水宫

明至清
第七批
宁德市古田县大桥镇中村村北

古田临水宫是临水夫人陈靖姑的祖宫，始建于唐贞元八年（792），由宋至清几经修建，现存建筑完整保留清代建筑风貌。坐北朝南，占地面积逾8000平方米。中轴线建筑自南而北依山势层层抬升，依次为戏台、拜亭、正殿、后殿等，戏台两侧建二层厢房，拜亭两侧分立钟、鼓楼，主殿东侧为太保殿、西侧为婆奶殿，后殿东侧为梳妆楼等建筑。主殿面宽（含墙体）19.8米，进深47.3米，建筑面积1055平方米。整体布局严谨有序，单体建筑各具特色，尤以精细的石雕、灰塑和木刻工艺见长。作为临水信仰的祖殿，在海内外有着广泛的影响与号召力。

临水宫祀典道教女神——海内外信众公认的顺天圣母陈靖姑（赖小兵 摄）

陈靖姑崇拜也是闽江流域独特的民间信仰，古田县临水宫是世界陈靖姑信仰的祖地（李世雄 摄）

古田临水宫内的碑林（赖小兵 摄）

# 清水岩寺

清
第七批
泉州市安溪县蓬莱镇鹤前村

清水岩寺是清水信仰的祖庙，位于安溪县蓬莱镇鹤前村后的蓬莱山上。现存文物古迹宋代 29 处、元代 2 处、明代 8 处、清代 5 处。清水祖殿为主体建筑，始建于北宋元丰六年（1083），明、清多次重修，现存建筑为清光绪己亥（1899）依北宋元祐八年（1093）清水祖师规制遗传的《岩图》碑所记载的建筑规模、尺寸、度数等原样修建。殿宇坐东北朝西南，背山面壑，主体建筑三层共 99 间，整体呈"帝"字形结构。殿外有清水法门、觉亭、三忠庙、护界宫、洋中亭等，与岩殿连缀，形成众星拱月之势。

清水岩寺圣泉（安溪文管 供图）

海会院内景（安溪文管 供图）

清水祖殿（安溪文管 供图）

主殿如西天（安溪文管 供图）

岩图碑（安溪文管 供图）

# 崇妙保圣坚牢塔

五代
第五批
福州市鼓楼区乌石山东麓

崇妙保圣坚牢塔因塔体用花岗岩大石块砌筑呈黑色，俗称乌塔。
塔始建于唐贞元十五年（799），初名贞元无垢净光塔；五代后
晋天福六年（941），由闽王王延曦在唐朝净光塔旧址上兴建，
为自身及眷属祈福，故名崇妙保圣坚牢塔。八角七层仿楼阁式石
塔，高35.2米，塔身实腔式，内设曲尺形梯道绕升至上层外回廊。
塔身每层龛像统一，但层层不同，第四、五、七层塔身分嵌名碑、
建塔碑文及祈福题名碑等。为福建省现存年代最早的大型石塔，
是研究五代闽国历史及其宗教、艺术的珍贵实物资料。

崇妙保圣坚牢塔（乌塔）是福建省内现存最古老的
石塔（胡文 摄）

乌塔转角的"撑伞护塔神"

塔名碑

崇妙保圣坚牢塔立于鼓楼区乌石山东麓（林 书 摄）

广化寺释迦文佛塔石雕（蔡昊 摄）

# 释迦文佛塔

宋

第三批

莆田市城厢区新塘居委会

释迦文佛塔又称广化寺塔，位于莆田市区凤凰山麓的广化寺东侧。建于南宋乾道元年（1165），五层八角仿楼阁式石塔，空心，高 30.6 米。塔体由须弥座和塔身组成，坐北朝南，第一层东西两面开门，其余设佛龛；第二至五层四面开门并设佛龛。塔身雕刻丰富，浮雕的菩萨和罗汉或手施密宗手印，或手持铃之类的密宗法器，是研究宋代历史与艺术的珍贵实物资料。

释迦文佛塔的整体建筑与细节（蔡昊 摄）

# 天中万寿塔

宋
第五批
莆田市仙游县枫亭镇塔斗山上

天中万寿塔为宝箧印经石塔，亦称阿育王塔，是兼具航标作用的镇海风水塔。建于北宋嘉祐四年（1059），基座边长 7.8 米，上面叠置三层须弥座，再上为四方形塔身，边长 3.48 米；顶部四角为高耸的蕉叶，中心立相轮刹柱，总高约 11 米。每层须弥座束腰处皆有雕刻，第三层北面嵌两方纪事石刻。塔身每面各雕佛像一尊，四角为金翅大鹏。宝箧印经塔自五代时即流行于我国南方，但多为小型的鎏金供养塔，此石塔为其中地面建造之体型最大者。

天中万寿塔建筑细部（蔡昊 摄）

塔斗晚霞（蔡昊 摄）

南山宫
（黄建和 摄）

宝严寺大殿
（赖小兵 摄）

云峰寺大殿
（宿雯鑫 摄）

林公忠平王祖殿
（钟陈灼 摄）

西陂天后宫
（朱晨辉 严硕 摄）

五塔岩石塔
（成冬冬 摄）

龙华双塔
（蔡昊 摄）

崇福寺应庚塔
（谢金均 摄）

惠安青山宫
（赖小兵 摄）

姑嫂塔（泉州港古建筑）
（成冬冬 摄）

六胜塔（泉州港古建筑）
（吴寿民 摄）

罗星塔
（阮任艺 摄）

圣寿宝塔
（严硕 摄）

荔城报恩寺塔
（蔡昊 摄）

平海天后宫
（蔡昊 摄）

无尘塔
（蔡昊 摄）

审图号：闽 S〔2022〕127 号
福建省制图院　编制
福建省自然资源厅　监制
注：资料截至 2022 年 6 月。

底图引用：http://bzdt.fjmap.net/

# 寺观塔幢

清净寺

华林寺大殿

开元寺

泉州天后宫

元妙观三清殿

青、白礁慈济宫

宝山寺大殿

名山室

安海龙山寺

古田临水宫

清水岩寺

崇妙保圣坚牢塔

释迦文佛塔

天中万寿塔

圣寿宝塔

无尘塔

姑嫂塔（泉州港古建筑）

六胜塔（泉州港古建筑）

南山宫

西陂天后宫

宝严寺大殿

五塔岩石塔

龙华双塔

罗星塔

云峰寺大殿

惠安青山宫

林公忠平王祖殿

平海天后宫

荔城报恩寺塔

崇福寺应庚塔

# [ 桥涵码头 ]

## 安平桥

宋
第一批
泉州市晋江市安海镇、南安市水头镇

安平桥又称五里桥,跨晋江市安海与南安市
水头之间的海湾而建,是中世纪建成的世界
最长梁式石桥,素有"天下无桥长此桥"之
美誉。南宋绍兴八年(1138)由安海黄护、
黄逸父子和僧智渊倡建,郡守赵令衿督造,
南宋绍兴二十二年(1152)竣工,历代均有
修葺。桥身东西走向,长2262.29米,以巨
大石梁铺架,桥面宽2.9~4米;采用当时先
进的"睡木沉基法",筑桥墩362座。桥上
筑有水心亭、中亭、官亭、雨亭、楼亭,两
侧水中筑对称方石塔四座、圆塔一座,桥之
东头建有高22米的五层六角空心瑞光塔,
西头建有海潮庵,留存碑刻众多,是宋元泉
州经济发达、港口繁盛的历史见证。安平桥
也是泉州世界文化遗产的重要组成。

（施清凉摄）

晋江安平桥桥头堡，书有"水国
安澜"4个大字（赖小兵 摄）

安平桥石将军（陈钧 摄）

安平桥的新桥碑（赖小兵 摄）

安平桥上共筑有憩亭5座，每一里设一亭，供人休息（赖小兵 摄）

安平桥（黄其方 摄）

# 洛阳桥

宋至明
第三批
泉州市洛江区万安街道桥南村、惠安县洛阳镇

洛阳桥原名万安桥，位于泉州市洛江区桥南村与惠安县洛阳镇交界的洛阳江入海口。北宋皇祐五年（1053）由郡守蔡襄主持兴建，嘉祐四年（1059）竣工，是中国历史上第一座跨海石梁桥。以花岗石砌筑，首创"筏型基础""养蛎固基""浮运架梁"等先进造桥技术，立桥墩45座；桥面现长731米，宽4.5米，两侧有护栏。桥南北现存4尊11世纪护桥石将军和6座石塔，以及众多的石碑、摩崖石刻，尤以桥南蔡襄祠中撰、书、刻俱佳的"三绝碑"最为珍贵。洛阳桥是泉州世界文化遗产的重要组成。

月光下的洛阳桥（叶晓峰 摄）

洛阳桥"筏型基础"（成冬冬 摄）

洛阳桥的筏形桥墩和桥底石块上的大量蛎房（崔建楠 摄）

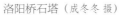

洛阳桥石塔（成冬冬 摄）

蔡襄亲撰亲书的《万安桥记》碑（之一），
高约 2.90 米，宽约 1.60 米（成冬冬 摄）

洛阳桥中亭碑林（成冬冬 摄）

洛阳桥南石塔（成冬冬 摄）

洛阳桥南石将军（成冬冬 摄）

洛阳桥北石将军（成冬冬 摄）

# 鸾峰桥

明

第六批

宁德市寿宁县下党村

鸾峰桥又称下党桥，始建于明代，清嘉庆五年（1800）重建，1964 年修缮。桥长 47.6 米，宽 4.9 米，拱跨 37.6 米，是全国现存单拱跨度最长的古代木拱廊桥。

鸾峰桥北面桥堍建在岩石上，南面桥堍用块石砌筑，桥屋建 17 开间 72 柱，四柱九檩穿斗式架构，桥屋中心间用如意斗拱叠梁成八角藻井，上覆双坡顶。

寿宁县鸾峰桥与屏南县千乘桥、百祥桥，寿宁县仙宫桥、飞云桥、升平桥、登云桥、杨梅州桥，古田县田地桥和柘荣县东源桥，于 2006 年列入第六批国家重点文物保护单位"闽东北廊桥"。

寿宁鸾峰桥（赖小兵 摄）

鸾峰桥是世界单拱跨度最长的木拱廊桥（龚健 摄）

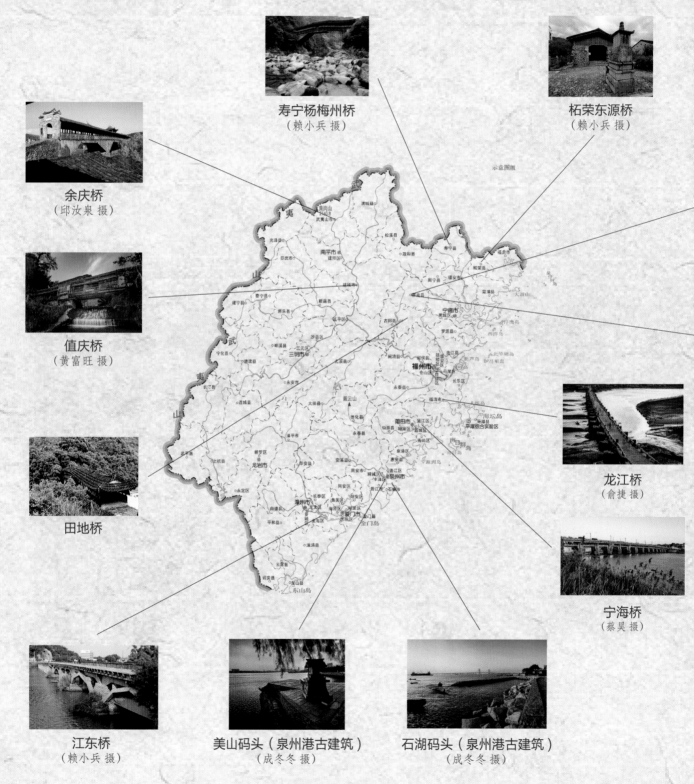

# 福建省地图

比例尺 1:3 000 000

寿宁杨梅州桥
（赖小兵 摄）

柘荣东源桥
（赖小兵 摄）

余庆桥
（邱汝泉 摄）

值庆桥
（黄富旺 摄）

田地桥

龙江桥
（俞捷 摄）

宁海桥
（蔡昊 摄）

江东桥
（赖小兵 摄）

美山码头（泉州港古建筑）
（成冬冬 摄）

石湖码头（泉州港古建筑）
（成冬冬 摄）

百祥桥

千乘桥
（卓育兴 摄）

# 桥涵码头

安平桥

洛阳桥

江东桥

闽东北廊桥

百祥桥

千乘桥

鸾峰桥

仙宫桥

飞云桥

开平桥

杨梅州桥

余庆桥

田地桥

东源桥

龙江桥

宁海桥

值庆桥

石湖码头（泉州港古建筑）

美山码头（泉州港古建筑）

审图号：闽 S〔2022〕127 号

福建省制图院　编制

福建省自然资源厅　监制

注：资料截至 2022 年 6 月。

底图引用：http://bzdt.fjmap.net/

# [ 堤坝渠堰 ]

木兰陂是著名的古代大型水利工程，全国五大陂之一（蔡昊 摄）

# 木兰陂

宋

第三批

莆田市城厢区霞林街道木兰村

木兰陂位于莆田市城厢区木兰山下。始建于北宋治平元年（1064），经三次营筑，于元丰六年（1083）竣工，是一座引、蓄、灌、排综合利用的大型古代水利工程，由陂首工程、渠道工程和堤防工程等3大部分组成。陂首工程由溢流堰、导流堤、南北进水闸组成，主体陂身长110米，高7.25米，建有陂墩29个、陂门28个、冲沙闸1个和南北护陂堤、南北进水闸门各1个，以及大小沟、渠道113米；渠道工程是由分布在南、北洋平原上的大小河渠组成，全长309.5千米；沿渠配套工程100多座，可灌农田1.7万公顷。

\* \* \* \* \* \* \* \* \* \* \* \* \* \* \* \* \* \* \* \* \* \* \* \* \* \* \* \* \* \* \* \* \* \* \* \*

世界灌溉工程遗产是国际灌溉排水委员会（ICID）主持评选的文化遗产保护项目，其评选始于2014年。当年，木兰陂入选首批世界灌溉工程遗产名录。与联合国教科文组织主持评选的世界遗产不同，世界灌溉工程遗产着眼于挖掘和宣传灌溉工程发展及其对文明的影响。

木兰陂石碑（蔡昊 摄）

木兰陂导流堤（蔡昊 摄）

木兰陂细节图（蔡昊 摄）

# 霍童灌溉工程

隋至今
第八批
宁德市蕉城区霍童镇

霍童灌溉工程由隋代谏议大夫黄鞠开凿于隋皇泰元年（618），分为霍童溪右岸"龙腰水渠"，霍童溪左岸"琵琶洞"两个部分，是中国现存最早的古代岩体开凿水工涵洞实例之一，也是中国古代南方山区环境下民用灌溉工程的杰出代表。其采用"火烧水激"法开凿，是中原先进文明传入福建的典型案例。2017 年，霍童灌溉工程获得国际灌溉排水委员会颁发的"世界灌溉工程遗产"证书。

灌溉全景鸟瞰（宁德市蕉城区宣传部 供图）

琵琶涵洞全景航拍（宁德市蕉城区宣传部 供图）

龙腰水渠全景航拍（宁德市蕉城区宣传部
供图）

琵琶涵洞内景（宁德市蕉城区宣传部 供图）

龙腰水渠西段正视（宁德市蕉城区宣传部 供图）

龙腰水渠中段正视（宁德市蕉城区宣传部 供图）

镇海堤航拍（蔡昊 摄）

# 镇海堤

唐至清
第六批
莆田市荔城区黄石镇

镇海堤原名东甲堤，位于莆田市荔城区黄石镇海滨、遮浪、东甲三村木兰溪入海口兴化湾南岸，唐元和元年（806）由闽浙观察使裴次元创建。海堤总长 87.5 千米，其中古堤长 4.42 千米，堤身全部为砌石，保护着南洋平原 1.7 万公顷农田的安全。镇海堤是福建闻名的第一大堤，以抵御海潮，围垦埭田，造福于民存世，迄今已有 1200 多年。

镇海堤碑刻及创建者闽浙观察使裴次元像（蔡昊 摄）

# 黄道周讲学处

明、清
第八批
漳州市漳浦县石斋村龙湖路

黄道周讲学处位始建于 1609 年，为黄道周 25 岁以后主要生活、讲学和著述的地方，称东皋书舍。黄道周讲学处占地 1058 平方米，正南朝向，沿中轴线依次为门厅、天井、庑廊、正堂。面阔五间，正堂进深三间，抬梁木结构，青石础，木柱承重，悬山顶，檐廊作卷棚式，门厅对联"人须于剥腹后见天地之心，我岂若态犬宙中乐尧舜道"为黄道周自题；主建筑四周建围墙，于东南面开垂花门，西南面开水井。

黄道周讲学处纪念馆（黄道周 摄）

# [ 驿站会馆 ]

## 观音亭寨

明至清
第七批
宁德市霞浦县水门畲族乡半岭村

观音亭寨是古代福州往温州的必经之地，由观音亭寨、观音亭寺及古驿道三部分组成。其中寺始建于明洪武二年（1369），寨始建于明代，清同治元年（1862）重修，古驿道至迟于宋代已经形成。寨南、北设门，东面用块石砌筑寨墙；北门保存较好，门宽约 1.76 米，深约 2.75 米；二侧寨墙残高逾 5 米，现存总长 131.8 米。寺原名观音院，由门楼、前殿、后殿及前殿两侧附属建筑组成，面宽 29.5 米，进深 21.4 米，占地面积 426.8 平方米。古驿道现存山脚至观音亭一段，石砌，长约 1000 米，宽 1.5 至 3 米。

观音亭寨石碑（吴军 摄）

观音亭寨北门（吴军 摄）

# [ 牌坊影壁 ]

漳州芗城区香港路的"尚书·探花"明代牌坊（赖小兵 摄）

## 漳州石牌坊

明至清
第四批
漳州市芗城区香港路、新华东路

漳州石牌坊指位于芗城区香港路北端双门顶的"尚书探花"和"三世宰贰"两座明代石坊，以及新华东路东端岳口街的"勇壮简易"和"闽越雄声"两座清代石坊。四石坊均为石坊木结构，3间5楼12柱。双门顶明代石坊，南北对跨街矗立，与所处的旧城南门老街，组成了极富特色的古街区景观；岳口街清代石坊系清圣祖赐平台名将蓝理、许凤立，威武雄壮，坊上有5处镂雕洋人的形象，反映了明清时期漳州与外国友好往来的景象。漳州明清牌坊石雕浑朴精致，花、鸟、人、兽各具神韵，形象生动，典型地表现了漳州传统石雕艺术既精致典雅又豪放流畅的特色。

漳州新华东路东端岳口的"闽越雄声"清代牌坊（郑秀莲 摄）

"勇壮简易"清代牌坊（李晋泰 摄）

# 神迹探幽

文／张金德 王永平

题记：

岩洞是人类最早的居所，岩石是人类最早的工具，最早的艺术载体。

石窟寺及石刻是我国现行不可移动文物六大类型之一。严格意义上说，石窟寺是宗教建筑，石刻是为传达特定思想意识的而利用岩石雕刻的图画、纹饰、文字或立体形象，它们在性质、形式、功能上似不相关，但作为一种关于石头的伟大技艺，一种关于雕刻的非凡艺术，一种关于思想的不朽记录，它们是一致的。

在我国登记公布的不可移动文物中，石窟寺及石刻总量不多，比例不高。根据第三次全国不可移动文物普查（以下简称"三普"）公布数据，全国普查登记石窟寺及石刻 24422 处，仅占全国三普登记文物总数的 3.19%；福建三普登记不可移动文物共 33251 处，石窟寺及石刻 1624 处，仅占福建三普登记文物总数的 4.9%，平均一个县（市／区）不到 20 处。但，在前后公布的八批全国重点文物保护单位中，石窟寺及石刻共 314 处，占至公布总数的 6.2%；其中，福建有 14 处，位列全国第十，占至福建省全国重点文物保护单位总数的 8.3%。石窟寺及石刻在全国重点文物保护单位中的占比，几乎是在三普登记不可移动文物中占比的两倍，这从侧面反映出石窟寺及石刻文物价值的相对重要性。上述情况，与文物调查尺度、深度有关，更与人们对文物类别、文物价值的深层次认识与理论构建密切相关。

石窟寺是"在河畔山崖开凿的佛教寺庙"，是渊源于印度的最古老的佛教建筑形式，包括"毗诃罗"（Vihara）、"支提"（Caitya）两种形式，前者是僧徒居住、修持之所，后者是供巡礼、观像、礼拜的塔庙、祠堂、佛殿。中国开凿石窟约始于 3 世纪，盛于 5~8 世纪，最晚可到 16 世纪，形成分布广泛、规模宏大、体系完整、内涵深厚的石窟艺术。宿白先生认为，中国石窟可分为塔庙窟、佛殿窟、僧房窟、大像窟、佛坛窟、小型禅窟及禅窟群等七类，根据洞窟形制和主要造像差异可分为新疆地区、中原北方地区、南方地区和西藏地区等四大地区，其中南方地区石窟数量少、分布散，摩崖龛像多于洞窟。在佛教石窟的影响下，道教等石窟造像也在宋元时期兴起。

福建历史上未有大规模开凿的佛教石窟，这是由福建佛教自身特点决定的。首先，福建佛教勃兴于晚唐闽国、极盛于两宋（即10~14世纪），此时全国石窟开凿风气已衰颓；其次，福建佛教以中国化宗派天台宗、禅宗、净土宗为主流，重教观圆融、禅行念佛，不注重象教德业；最后，中古以后帝国意识形态固化，宗教日益世俗化，佛教信徒以普通民众为主，财力不足以支撑大规模开凿石窟。与此相适应，福建佛教山林道场极为兴盛，出现独具特色的佛教石窟——"岩寺"。如同史前人类，僧徒走进天然岩洞，将洞窟整饬为僧房、禅房、佛殿，开拓了有别于"开凿洞窟"的石窟寺。

福建沿海山区遍布岩洞、溶洞，岩寺也就遍布各地。诸如福州名山室、乐山极乐寺，厦门铜钵岩、太华岩，泉州新内金沙岩、瑞迹岩寺，漳州海月岩、海云岩、天柱山观音岩，莆田永兴岩寺，龙岩狮岩、百嘴岩石窟，三明甘露岩、宝盖岩，南平会圣岩、常坪石佛庵，宁德那罗延窟寺、池澳石窟寺，等等。最典型的岩寺，莫若福州市永泰县的名山室。名山室由麒麟洞、灵龟洞、金水洞、观音洞等组成，麒麟洞为主体，前接进深仅一间的单坡顶建筑，坐南朝北；灵龟洞为东室，洞口为明代所建祖师殿，洞内存华岩三圣及佛传故事等宋元摩崖造像，其中七比丘图疑为宋代民间信仰白莲菜的"莲社七祖"；金水洞、观音洞为西室，金水洞东西向，内建小型佛殿，殿内存宋代纪年石佛座，观音洞内原有石雕观音坐像。这些岩寺只有规模较小的造像，或不具造像，整体较为朴素甚至简陋，更接近"毗诃罗"的建筑形式，在艺术价值上无法媲美典型石窟寺，这也是福建岩寺未引起学界注意的原因。也因此，福建省级及以上文物保护单位，无一处是以"石窟寺"列入。

但此类岩寺数量并不多，"岩"更多时候是指石山或岩石，与岩洞无关，因此多数"岩寺"并不是"石窟寺"，需要细致甄别。如晋江市全国重点文物保护单位西资寺石造像所在的西资岩，南天寺石造像及摩崖石刻所在的石佛岩，实际上是背靠着高浮雕摩崖造像的岩壁建造的寺庙。此外，福建道观及民间宫庙也常称"岩"，其与佛教岩寺的历史渊源有待考察。总的来说，由于石窟寺理论制约及在其指导下的调查研究局限，福建石窟寺调查研究仍有很长的路要走。

根据我国文物分类法，石刻包括岩画、摩崖石刻、石雕、碑刻及其他石刻等。据三普公布数据，福建普查登记的石刻不可移动文物接近 1600 处，52% 是碑刻，39% 是摩崖石刻，9% 是石雕、岩画及其他石刻。福建石刻共有 14 处列入全国重点文物保护单位名录，其中摩崖石刻 8 处，石雕 2 处，岩画、碑刻各 1 处，其他石刻 1 处。而在福建省级文物保护单位名录中，摩崖石刻 21 处，碑刻 7 处，石雕 5 处，岩画 1 处，其他石刻 2 处，共 36 处。这些石刻不可移动文物主要分布在沿海县市及名山大川，特别是唐宋以来社会经济文化较为发达的福州、泉州、漳州、莆田等地区。

岩画是先民在岩石上彩绘、刻画、敲凿、磨刻的图画，是最早的石刻，被认为是"原始艺术"。岩画在国际上是一个专门研究领域，目前已有超过 30 处岩画列入世界遗产，2016 年广西"左江花山岩画文化景观"成为我国第一处岩画世界文化遗产。岩画在福建漳州、福州、三明、龙岩、南平等地区都有发现，尤其是漳州，调查发现 19 处 36 幅岩画，其中华安县 7 处、漳浦县 4 处，是我国东南地区岩画分布最密集的地区，但分布较散、规模较小。华安县的仙字潭摩崖石刻相对集中，有 60 多个图案符号，其采取敲凿、磨刻等手法制作，以人、动物及象征符号为主体，部分符号已有文字性质，数量最多的蹲踞式人形图案，与左江花山岩画的彩绘蹲踞式人形极为相似。

摩崖石刻、石雕、碑刻及其他石刻是人类文明时代的文化表达。从载体材料来看，摩崖石刻是利用自然岩壁进行镌刻的石刻，石雕、碑刻等则是对石料进行外形深加工、形成特定形状并单独树立的石刻。就主要表达手段而言，石刻又可分为图画石刻、文字石刻、立体石刻等三类：摩崖石刻三者有之，文字石刻、立体石刻为主；石雕是立体石刻；碑刻主要是文字石刻，兼有图画石刻。我国石刻历史最早可追溯到新石器时代晚期，殷商出现石雕人像，秦是各类石刻的发明开创者，制作了迄今发现最早的纪念性文字石刻——石鼓文，镌刻了最早的大型纪功石刻群——秦刻石，开启了贯穿两千多年的陵墓石雕表饰制度。立体石刻则在宗教领域大放异彩，受佛教的强烈影响，在魏晋逐渐兴起，南北朝时蔚然成风，隋唐臻至极盛，宋元赓续，成就我国灿烂的雕塑艺术。

图画石刻是在岩面雕刻图形、图画、图像的石刻，著名如汉画像石，五代钱元灌墓星象图石刻，宋代华夷图碑、长安图碑、平江图碑、唐兴庆宫图碑等。图形石刻在福建发现的很少。摩崖石刻主要有福州濂江瑞迹岭岩画，南平碌碡山摩崖石刻群中的魁星罗汉岩画、观音岩画，柘荣县溪里岚岩画，晋江市罗裳画马石，华安县九孔星象图、言皇石星象图等。碑刻主要有安溪县清水岩岩图、福州于山大士出山像碑、鼓楼区武圣庙关帝圣像碑、华安县麒麟咬剑碑等。其中，安溪清水岩岩图是寺庙平面图碑，省内罕见。

文字石刻是传统金石学的主要研究范围，但福建长期没有专门的金石著录，直到清末《闽中金石略》《福建通志·福建金石志》付梓才打破局面。前者辑录唐宋元铭刻 154 处，绝大多数是石刻，后者辑录晋至明清历代存文石刻多达 776 处，另有无年代石刻 81 处、存目石刻 174 处。两书主要辑录元之前的石刻，明清石刻收录极少。福建三普登记的文字石刻1460 多处，明清时期的占至 85%，是福建石刻不可移动文物的主体。但实际数量还远不止于此。以碑刻为例，近人郑振满、丁荷生（Kenneth Dean）等调查辑录福建宗教碑铭，兴化府（今莆田市）353 方，泉州府（今泉州市、厦门市）1363 方，漳州府（今漳州市）1771 方，三府总数已接近 3500 方，这些碑刻大多散落在乡间田野。全省文字石刻存量之丰可见一斑。

《闽中金石略》龚显曾序曰："吾闽名山大镇、祠宇伽蓝至迹，多有唐、宋石刻。乌山、武夷、清源、九日、太姥诸山，雄视东南。历代名人、筮仕、流寓，先后寄迹于其间，碑记题咏，大书深刻。"福建多山，除了名山大川，但凡有崖有石，不论是滨海乱石，还是驿道山崖，都有摩崖石刻。龚序所提到的名山摩崖石刻都已跻身文物保护对象，武夷山、九日山等摩崖石刻还是世界遗产的重要构成要素。碑刻更是被广泛树立在大镇、宫庙、通衢、津梁、墓地等各个角落，有功德碑、纪事碑、题名碑、告示碑、墓碑（墓道碑）等，是古代社会最普遍、常见的纪念性石刻。名刻诸如唐《般若台铭》《敕贞元无垢净光塔铭》《恩赐琅琊郡王德政碑》，宋《万安桥记》《南剑州重建州学碑记》，明《御制洪恩灵济宫之碑》《天妃灵应之记》等。此外，泉州基督教墓、伊斯兰教墓、印度教墓及福州琉球国墓等墓碑具有特殊价值。

文字石刻以文字为传达手段，以标示、纪功、旌表、纪事、纪念、告示、传播等目的。一方面具有艺术价值，是福建地方书法艺术宝库。另一方面具有历史文献价值，内容包罗万象，诸如政治军事、地方开发、社会治理、经济交通、文化教育、民俗民风、宗教信仰等，是了解福建古代地方社会的绝佳材料，特别是涉及海洋开发、海洋贸易、海禁海防、闽台关系、茶事、民间信仰、外来宗教等石刻，具有不可替代的史料价值，向来为史家所倚重。

立体石刻是在自然崖壁或利用石料雕刻三维立体形象的造型艺术，包括摩崖造像、石雕等。就内容而言，主要包括宗教石造像、墓葬石雕、民俗石雕等。其中，福建宗教石造像极具地方特色，以佛教为大宗，还有清源山老君岩石造像为代表道教石造像，有以晋江草庵石刻摩尼光佛造像为代表的外来宗教石刻，有广利尊王、泗洲文佛、魁星、石仙、平石将军、土地神、裴仙公等众多民间信仰石造像，反映出福建社会及文化的多元性、包容性。

福建佛教石造像起于何时何地尚不明确。根据文献及考古资料，佛教最迟于公元 3 世纪传入福建并建立寺院，4 世纪墓砖出现佛像僧徒图样，南朝陈永定二年（558）郑生"以堂居僧像佛"。8 世纪佛教石造像有零星发现，福州迄今发现年代最早的摩崖造像是欧阳詹（755—800）《福州南涧寺上方石像记》记述的唐天宝八年（749）乌石山雷劈石佛，其次为唐大中六年（852）的瑞迹寺白佛，均见载于《淳熙三山志》。10~14世纪，即闽国宋元时期，福建佛教石造像进入兴盛期，福州、泉州、漳州等沿海地区分布较多、规模较大。全国重点文物保护单位中的全部福建佛教石造像，包括清源山石造像群、西资寺石佛造像、南天寺石佛造像、魁星岩摩崖造像、栖云洞造像、瑞岩弥勒造像等，都是该时期作品。大体来看，福建佛教石造像早期以释迦牟尼、弥勒、西方三圣（阿弥陀佛）等为主，后期除了弥陀、弥勒等造像，多见观世音、罗汉造像，兼有藏传佛教风格造像，反映了500年间福建石雕艺术、佛教造像艺术风格的流变，也直接反映了福建佛教信仰时代特征的演变。

"镌之玄石，传诸不朽。"【[梁]萧绎：《内典碑铭集林序》，[唐]释道宣：《广弘明集》，卷二十。】要之，福建的石窟寺及石刻虽非旷世奇迹，但是福建人民的岩石艺术，是刻在岩石上的福建史记，承载着福建的思想文化基因，值得我们世代守护。

# [ 摩崖石刻 ]

## 仙字潭摩崖石刻

新石器时代至周
第七批
漳州市华安县沙建镇汰内村许田自然村汰溪仙字潭

我国东南沿海最重要的史前石刻之一。

石刻凿刻在九龙江北溪支流汰溪仙字潭北岸的崖壁上。1957 年调查发现 6 处 13 组 50 多个刻画符号，分布面积约 220 平方米。2004 年又在上游发现 2 处 5 组 10 个刻画符号。现存共 7 处 18 组 60 多个刻画符号。单个符号最大者高 0.74 米、宽 0.35 米，最小者高 0.15 米、宽 0.09 米。石刻均采用刻制手法，线条流畅，纹道较深，宽度在 1.5~3 厘米，深度 0.5~1 厘米，最深者达 5.5 厘米，横断面呈凹字形，转角接近直角。早在唐代韩愈就曾试图解读，20 世纪八九十年代以来引起学界讨论热潮，但迄今，关于石刻属于文字还是岩画尚无共识，在其内容、族属、年代等方面也没有定论。

仙字潭摩崖石刻就刻画在北岸临水悬崖的峭壁上（李晋泰 摄）

仙字潭摩崖石刻位于华安县沙建镇九龙江支流汰溪中游（朱晨辉 摄）

50 多个"仙字"石刻既像字，也像画，还似符号（朱晨辉 摄）

# 乌石山、于山摩崖石刻及造像

唐至中华人民共和国
第七批
福州市鼓楼区乌石山、于山

乌石山、于山是福州"三山两塔"格局的标志性景观，文物古迹众多，是福州摩崖刻石的主要分布区域之一。据不完全统计，从唐至今，先后在乌石山石刻中题名者达740多人，在于山的也有320多人。主要分布在乌石山的凌霄台、冲天台、道山亭及于山的鳌峰顶、狮子岩、廊然台、兰花圃、戚公祠等处。摩崖石刻共有449段，已消失204段，现存245段，唐刻1段，宋刻69段，元刻20段，明刻46段，清刻33段，民国刻10段，中华人民共和国成立后刻14段，52段疑刻。有陈襄、李纲、梁克家、朱熹、叶向高、萨本栋、邓拓等名人手迹。篆书、隶书、楷书、草书、行书各臻奇妙，诗词、歌赋、传记、题记、游记文类齐全。部分具有较高史料价值。乌石山还有3处共8尊五代至明代的摩崖造像。乌石山、于山摩崖石刻及造像是福州古城文化景观的集中展现，福州书法艺术宝库。

篆书"道山亭"石刻据传为宋郡守程师孟所书（朱晨辉 摄）

"天秀岩"摩崖石刻，左为明三朝首辅叶向高草书诗刻一首

位于黎公亭西侧的"霹雳岩"（林振寿 摄）

阴阳摩崖石刻"乌石在，黎公在"（朱晨辉 摄）

唐著名书法家李阳冰所书 "般若台铭"是福州最古的摩崖石刻，与浙江处州的射驿记、缙云城隍庙记、丽水忘归台铭合称为"天下四绝"（林振寿 摄）

唐宋八大家之一曾巩，于宋元丰二年（1079）在此作"道山亭记"（朱晨辉 摄）

廓然台位于于山蓬莱峰上，为宋代精通音乐理论的礼部侍郎陈旸命名，高僧鸿份手书。宋代
理学家朱熹曾在此观天，写有五律《寄题九日廓然亭》（林振寿 摄）

清代画家广陵禹隶书"饮岚"（林振寿 摄）

草书"寿"、行书"旧涛园"石刻

乌石山"西方三圣"造像（林振寿 摄）

篆书"天章台",据传为宋郡守程师孟所题,喻此石如飞来印章(朱晨辉 摄)

宋理学家朱熹"清隐"题刻

平远台侧岩石上有"国魂"等题刻

另一处"平远台"石刻

乾隆年间郡守李拔题刻"月朗风清"
（林振寿 摄）

平远台始建于宋代，在于山第一峰，
该台毁于元朝战火。明朝重建的平远
台移至鳌顶峰。"平远台"刻石为明
代张炜手书（林振寿 摄）

舒啸台，因明代著名学者黄仲昭而开
辟并命名。黄仲昭在主持编撰《八闽
通志》期间，和助手常在此呼啸高歌，
活动筋骨，疏解疲劳。时镇守福建的
太监陈道题名并作记（林振寿 摄）

# 鼓山摩崖石刻

宋至近代
第五批
福州市晋安区鼓山

鼓山是福州"右旗左鼓"形势中的"鼓"，五代建涌泉寺，浸为福建文化名山。保存宋至今的摩崖石刻计有562段，其中宋刻89段，元刻11段，明刻31段，清刻172段，民国刻102段，中华人民共和国成立后4段，疑刻153段。另有佚刻59处。主要分布在鼓山绝顶峰、灵源洞、石门白云洞及登山道两侧。现存最早的"喝水岩"是宋庆历年间（1041—1048）蔡襄等人的纪游题刻。著名题刻有蔡襄、李纲、朱熹、赵汝愚等人手迹。字体篆、隶、行、草、楷齐全。书法艺术珍品多而集中，堪称福州碑林。

"喝水岩"，宋嘉祐六年（1061）施元长所题（林振寿 摄）

"顽石点头"佛像，像高 2.45 米，手捧经卷，趺坐蒲团，栩栩如生（林振寿 摄）

"国师岩"题刻为宋蔡襄所题，是鼓山早期重要时刻（王鲁闽 摄）

灵源洞两侧，荟萃了自宋以来的摩崖石刻 300 多幅，约占鼓山现存摩崖题刻的一半（林振寿 摄）

"忘归石"，字径约70厘米，笔力遒劲，宋蔡襄所题
（林振寿 摄）

灵源洞蹴鳌桥下深涧岩壁上的"寿"字，为南宋（1242）周自介游鼓山时所书。楷书，字高4.15米，宽3.05米，是福建省最大的古代摩崖石刻（林振寿 摄）

# 九日山摩崖石刻

宋
第三批
泉州市南安市丰州镇九日山

九日山摩崖石刻是 12~13 世纪国家主导的海洋贸易的历史见证，是世界文化遗产"泉州：宋元中国的世界海洋商贸中心"体现管理保障的代表性遗产要素。

九日山为清源山支脉，是泉州最早开发的区域之一，因晋朝南迁汉人重九登高望乡而得名，有东、西、北三台。在东台、西台分布宋、元、明、清摩崖石刻 78 方，明清碑刻 4 通。宋刻最多，最早为北宋乾德三年（965）。其中有祈风石刻 10 方，东台 2 方、西台 8 方，记载从南宋淳熙元年（1174）到咸淳二年（1266）泉州郡守及市舶司馆员为番舶祈风的史实，其中记载冬季启航祈风的石刻有 6 方，记载夏季回航祈风的有 3 方，还有 1 方同时记载一年两季的祈风。另有蔡襄、苏才翁等人手迹。西峰顶尚存北宋乾德三年（965）阿弥陀佛石雕坐像，高 7.5 米、宽 1.5 米。

"九日山"为清代福建提督马负书所题（夏日利 摄）

九日山"祈风"石刻，是泉州知府林枅携幕僚在通远王庙祈风的海交纪事石刻，是研究我国古代海外交通贸易和市舶司祈风制度的重要实物遗存（崔建楠 摄）

# [ 碑刻 ]

## 灵济宫碑

明
第六批
福州市闽侯县青口镇青圃村金鳌峰灵济宫

福建现存最大的御制碑刻即《御制洪恩灵济宫之碑》，此碑系明永乐十五年
（1417）明成祖朱棣御制碑刻。碑石灰岩材质，相传在南京选材制作，海
运而至。该碑由赑屃基座、碑身、碑首等构成，通高6.16米。赑屃长4米、
宽2.16米、高1.9米。碑立在赑屃背上，高4.8米、宽2.08米、厚0.6米。
碑首圆弧形，篆刻"御制洪恩灵济宫之碑"，字径约0.12米，饰盘龙纹。
碑文系朱棣御撰，相传为解缙所书，阴刻楷书直行，字径约0.03米，共23
行，详细记述重建灵济宫及敕封二徐真君之缘由。同时兴建碑亭，面阔三间、
进深四柱，为抬梁式重檐歇山顶建筑。《万历续道藏》收录的《徐仙真录》
对二徐真君生平、灵迹、行宫及敕封等叙述甚详。

灵济宫御碑与灵济宫组成既有历史韵味又有地方宗教建筑风格的古聚落（王鲁闽 摄）

灵济宫御碑全称"御制洪恩灵济宫碑"，是明代宫廷建筑的典范，也是福建省现存唯一一处最大的御制石碑

泉州老君岩造像，中国最大的道教石雕

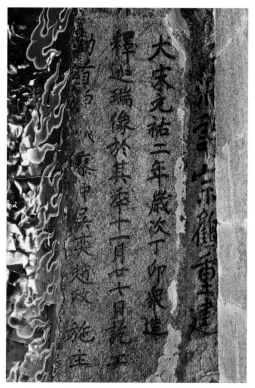

明威将军泉州卫指挥金事李瀚所书的"重兴瑞像岩记"石刻（成冬冬 摄）

瑞像岩北宋元祐二年（1087）的"释迦瑞像"立姿（成冬冬 摄）

瑞像岩仿木构石室，建于明成化十九年（1483）（成冬冬 摄）

赐恩岩李贽撰题的楹联"不必文章称大士，虽无钟鼓亦观音"（成冬冬摄）

赐恩岩白衣观音（成冬冬摄）

赐恩岩寺（成冬冬摄）

# 清源山石造像群（老君岩造像）

宋至元
第三批、第五批
泉州市丰泽区清源山

清源山石造像群是清源山宗教名山文化景观的重要构成，宋元泉州多元文化的历史见证，老君石造像是世界文化遗产"泉州：宋元中国的世界海洋商贸中心"代表性遗产要素。

清源山石造像群包括道教的老君岩造像，佛教的赐恩岩、瑞像岩、弥陀岩、千手岩等造像，藏传佛教的碧霄岩造像，共 6 处、8 尊造像。老君岩造像为圆雕坐像，坐北朝南，背靠清源山，俯视鲤城，高 5.63 米、宽 8.01 米、厚 6.85 米，是我国现存最大的道教石雕造像。赐恩岩为观音石造像，圆雕坐像，北宋元祐年间（1086—1093）雕刻，通高 3.7 米。瑞像岩为释迦牟尼佛摩崖造像，高浮雕立像，凿于北宋元祐二年（1087），高约 4 米、宽 1.5 米、厚 0.3 米，结无畏手印，取法于木刻游檀瑞像，明成化十九年（1483）建仿木石室以护石佛。弥陀岩为阿弥陀佛摩崖造像，高浮雕立像，凿于元代，高约 5 米、宽 2 米、厚 1.1 米，元至正二十四年（1364）依崖建石室祀奉，旁有《弥陀岩记》。千手岩为释迦牟尼佛石造像，圆雕坐像，宋代雕刻。碧霄岩为三世佛摩崖造像，高浮雕坐像，凿于元代，主尊释迦牟尼佛高 2.55 米，左药师、右弥陀各高 2.45 米，均宽 1.63 米、厚 0.7 米，附近有元至正二十七年（1367）《碧霄岩记》连山碑，是东南少见的藏传佛教风格石造像。

老君岩造像手部

弥陀岩元代石雕阿弥陀佛立像（成冬冬 摄）

弥陀岩的仿木石构石室，建于元至正二十四年（1364）（成冬冬 摄）

弥陀岩石室内的佛教石刻（成冬冬 摄）

弥陀岩的《告功立石碑》，此方193个汉字的元代石碑中，出现在13个简化汉字，在元代碑刻中较为罕见（成冬冬 摄）

千手岩寺（成冬冬 摄）

碧霄岩元代藏传佛教三世佛石雕造像（成冬冬 摄）

千手岩（观音岩）千手千眼观音大士像及释迦佛像（成冬冬 摄）

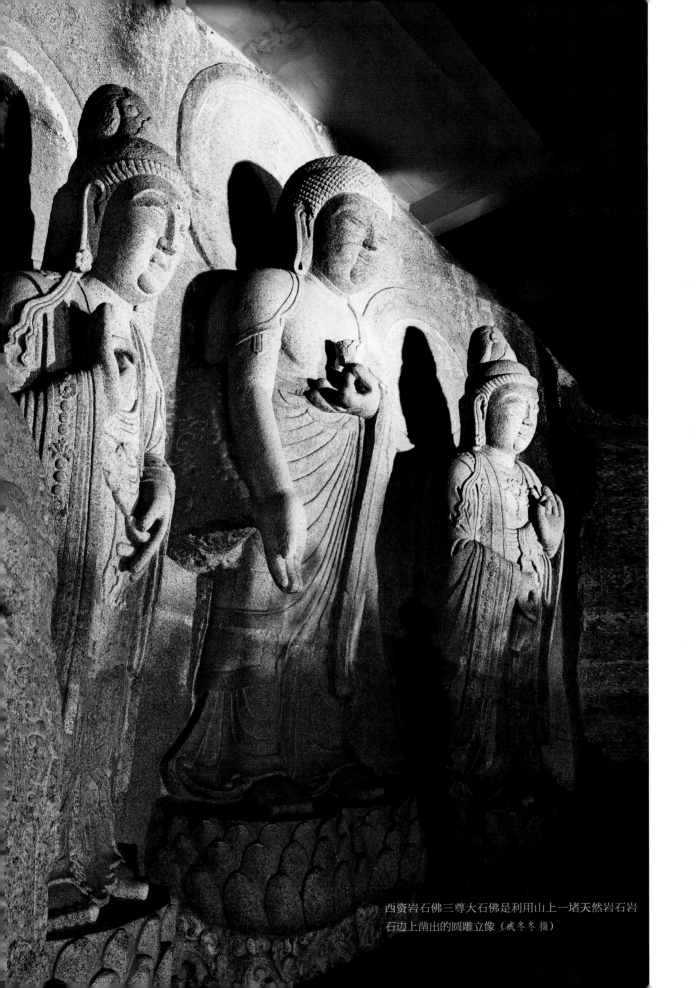

西资岩石佛三尊大石佛是利用山上一堵天然岩石岩石边上凿出的圆雕立像（成冬冬 摄）

# 西资寺石佛造像

宋

第七批

泉州市晋江市金井镇岩峰村卓望山西资寺

阿弥陀佛像（成冬冬 摄）

造像为西方三圣高浮雕立像。当镌于宋代，部分继承晚唐风格。三尊佛像均跣足立于仰莲座上，莲座下方刻海潮纹，均有圆形头光及卷云纹。主尊阿弥陀佛，身高4.50米，宽1.62米，足下仰莲座高0.95米。胁侍观世音菩萨、大势至菩萨，距主尊0.75米，各高4米，足下莲座高0.76米。阿弥陀佛头顶螺髻，面部丰满，唇厚颐丰，双耳垂肩，相貌慈和，右袒袈裟，左手当胸掌托莲台，右手前伸作接引状，衣褶纹理简练流畅。观世音菩萨头挽高髻，面椭圆，容端严，耳垂饰花，右手执小净瓶垂于前，左手掐诀当胸，身穿广袖大衣，胸前饰璎珞宝串，袖沿缀花边。大势至菩萨服饰与观世音菩萨同，神态稳重肃穆，左手掐诀下垂，右手上举。佛像前侧还雕有两尊高2.7米的护法神将立像。

西资岩寺修建于宋绍兴年间，至今已历千年（成冬冬 摄）

大雄宝殿内直立的三尊石佛，阿弥陀佛居中，左旁为观世音菩萨，右方立大势至菩萨（成冬冬 摄）

# 南天寺石佛造像和摩崖石刻

宋、明

第七批

泉州市晋江市东石镇许西坑村岱峰山南天寺

南天寺石佛造像为西方三圣高浮雕坐像。南宋嘉定九年（1216）僧守净募镌。造像阿弥陀佛居中，左、右胁侍观世音菩萨、大势至菩萨，佛像背俱有圆形头光，结跏趺坐于莲座之上。佛像间距0.5米，通高6.9米，坐高4.6米、宽3米，莲座高1.8米，座下饰高0.5米之水波纹。阿弥陀佛头饰螺发，胸饰"卍"徽，手结弥陀定印；后崖壁上浮雕2根蟠龙柱。胁侍菩萨均头戴花冠，观世音奉净瓶、大势至执经卷，俱结说法印。造型高大稳重，形态庄严慈祥，衣褶宽大流畅，线条洗炼。造像旁有明弘治六年（1493）"心"字榜书，高1.2米、宽0.4米，其下镌偈语题记。寺附近另有"泉南佛国""崧岳降神""宝藏"等3处榜书，"泉南佛国"字径2米，为南宋泉州知府王十朋所题。

三尊石佛雕在巨岩崖壁间，外浮雕一殿堂式佛龛，高7米，宽16米，石佛则均高6米、宽3米（施清凉 摄）

南天寺摩崖石刻（施清凉 摄）

南天禅寺（施清凉 摄）

# 魁星岩摩崖造像

南宋
第八批
泉州市永春县石鼓镇桃场社区魁星山

魁星岩摩崖造像是南宋福建佛教石雕艺术精品，佛教净土信仰传播的历史见证。

造像为西方三圣高浮雕立像。雕凿于南宋时期。龛作拱形，距今地面约 2.4 米，通高约 4 米，龛内高浮雕西方三圣立像，中为阿弥陀佛，胁侍菩萨分列左右，跣足立于莲座上。背刻圆形头光及卷云纹。阿弥陀佛高约 2.5 米，螺发，脸庞浑圆，额际有白毫，身披袒右式袈裟。观世音和大势至菩萨高 2~2.2 米，均头戴带宝冠，颈下佩串珠项饰，身披博袖大袍，下身着裙。佛像慈祥端庄，体态匀称，线条流畅，衣褶清晰。

西方三圣之释迦牟尼像（成冬冬 摄）

永春魁星岩寺（成冬冬 摄）

魁星岩西方三圣摩崖造像全景图（成冬冬 摄）

# 栖云洞造像

宋至明
第六批
福州市罗源县凤山镇南门居委会圣水街圣水寺

栖云洞造像是福建迄今发现最早的十八罗汉石造像。其中16 尊为南宋淳祐八年（1248）石匠陈曾缘雕刻，2 尊为明代补刻。圣水寺始建于北宋绍圣三年（1096）。栖云洞系位于寺左侧的天然石室，洞口有元至正乙巳年（1365）题额"栖云"，洞内高 1.3~2.85 米，宽 37 米，中有澄心井。十八罗汉为圆雕坐像，辉绿岩材质，列坐在环洞三面须弥座上，高低参差不齐，最高 0.84 米、最低 0.74 米，坐姿、法器各不相同，造型各异，栩栩如生，古朴美观。像背、须弥座均镌纪年、捐献人及工匠等，历史信息丰富。另有观音石造像 1 尊、洞壁摩崖石刻 9 段。

栖云洞外景

罗源圣水寺栖云洞十八罗汉（陈世强 摄）

# 草庵石刻

元
第四批
泉州市晋江市罗山街道苏内社区华表山

草庵石刻是世界上仅存的摩尼教主石刻造像，是宋元泉州摩尼教传播和多元社会的重要见证，是世界文化遗产"泉州：宋元中国的世界海洋商贸中心"的代表性遗产要素。

造像为摩尼光佛摩崖造像。镌于元至元五年（1339）。依崖壁刻圆形浅龛，直径约 1.98 米，龛内浅浮雕摩尼光佛圣像。圣像高 1.52 米、宽 0.83 米，结跏趺坐于莲台上，脸庞圆润，披肩长发，双耳垂肩，双掌叠放腿上，手心朝上，坐姿、面相模仿佛像。外披无扣博袖宽袍，内衬无领内衣，胸前饰花结垂带。背部周围雕波状毫光，计 18 条。巧妙利用岩石天然色泽，圣像身呈灰白色，面呈草绿色，手呈粉红色。雕像两侧上方存题记 2 段，其左云："谢店市信士陈真泽真等喜舍本师圣像祈荐考妣早生佛地者元至元五年戊月四日记"。同时依岩建石室，清代衍为佛寺，民国时期弘一法师驻锡于此，重兴草庵。草庵后山岩原有明代摩尼教信条石刻。

\* \* \* \* \* \* \* \* \* \* \* \* \* \* \* \* \* \* \* \* \* \* \* \* \* \* \* \* \* \* \* \* \*

摩尼教系公元 3 世纪波斯人摩尼糅合祆教、基督教和佛教教义创建的世界性宗教，6~7 世纪传入中国，约 9 世纪传入泉州，14 世纪后逐渐衰亡。

草庵摩尼光佛龛（成冬冬 摄）

草庵依岩建室，现为单檐歇山式建筑，面宽 6.7 米，进深 3.4 米（朱向阳 摄）

草庵摩尼光佛造像（成冬冬 摄）

瑞岩山位于福清市海口镇北，北宋宣和四年（1122）始建瑞岩寺，瑞岩弥勒造像则开凿于元至正元年（1341）（吴寿华 摄）

# 瑞岩弥勒造像

元
第四批
福州市福清市海口镇牛宅村瑞岩山

瑞岩弥勒造像是元代福建佛教石雕艺术佳作，我国现存最大的布袋弥勒佛造像，宋元布袋弥勒信仰广泛传播的实证。

造像由邑人吕伯恭等倡首，开凿于元至正元年（1341），完工于明洪武元年（1368）。造像道法自然，顺应岩石自然形态雕凿，通高9米，宽8.9米，厚8米，其中头部高2.3米，耳长1.3米，嘴阔1.1米。弥勒倚坐姿，右手倚袋扪腹，左手捻珠抚膝，腰间膝下罗汉缠绕，足着草履，身披袈裟，袒胸露脐，体态丰肥，圆头丰颊，大耳垂肩，眉开眼笑，将"大肚能容、笑口常开"的布袋弥勒形象刻画得淋漓尽致。该造像与宋代江南地区布袋弥勒造像形式一脉相承，体现了世俗社会的审美情趣。

瑞岩弥勒造像是中国现存最大的布袋弥勒造像（朱晨辉 摄）

## 南安桃源宫陀罗尼经幢

北宋
第八批
泉州市南安市丰州镇桃源宫

南安桃源宫陀罗尼经幢是宋代民间社会佛教信仰的历史见证，也是宋代佛教艺术、石构建筑技艺的实物史料。

经幢为北宋天圣三年（1025）南安葛门陈二十二娘为追荐其夫而建。经幢用花岗岩雕琢叠筑，七层八角，通高7米，由幢座、幢身、幢顶3部分组成，整体高大挺拔。基座为4层须弥座，第一层较宽大，层层叠加并向上收分。石幢八面雕刻《佛顶尊胜陀罗尼经》，幢身上额横刻"奉为今上皇帝资崇佛幢一座"，并雕有佛、菩萨、护法、飞天、迦陵频伽、龙、莲瓣等造像或图案，幢顶作葫芦状，造型饱满，雕刻精湛。

* * * * * * * * * * * * * * * * * * * * * * * * * * * * * * * * * * * * * * * *

《佛顶尊胜陀罗尼经》是释迦牟尼为善住天子宣教的解救之道，具有破地狱、灭罪、成佛等殊胜神力，经咒简短，易于持诵。7世纪下半叶传入中国，暗合唐代流行的地狱信仰，受密宗推崇，经大历敕令推广而广为流传。

南安桃源宫陀罗尼经幢二层浮雕佛像（朱晨辉 摄）

南安桃源宫陀罗尼经幢，幢身第一层浮雕双龙戏珠，二、三层浮雕佛像（朱晨辉 摄）

南安桃源宫陀罗尼经幢为花岗岩石构筑，通高7米，八角七层，分幢座、幢身、幢顶3部分（朱晨辉 摄）

## 显应宫泥塑

明
第六批
福州市长乐区漳港街道仙岐村显应宫

显应宫泥塑是福建迄今发现规模最大的明代民间信仰神像泥塑，是福建海洋文化的珍贵实物史料。

泥塑为明代民间信仰神灵塑像。显应宫俗称大王宫，坐北朝南，原为前后两殿、面阔三间，土木结构、硬山顶建筑，清末被风沙掩埋而废弃。1992年发掘清理，共出土5组44尊泥塑神像，其中女相15尊、男相22尊、武士7尊。女相坐像、立像各7尊，骑兽1尊，坐像最高126厘米，2尊，最低63厘米；立像最高100厘米，2尊，最低仅48厘米。男相坐像5尊、立像17尊，坐像最高130厘米，2尊，最低40厘米；立像最高118厘米，最低33厘米。武士立像5尊，骑马2尊，最高75厘米。这些神像原分别安奉在前殿、正殿的5处神台，其中正殿西次间主祀临水夫人，前殿东次间神台主祀妈祖。正殿明间主祀一说为守境大王，一说为开漳圣王陈元光；东次间主祀一说为马将军，一说为陈元光儿子陈珦。前殿西次间神台主祀巡海大臣（神），一说为郑和，一说为水部尚书、镇海王陈文龙。

现存于显应宫地下宫的妈祖神龛（严硕 摄）

现存于显应宫地下宫的巡海大臣神龛（严硕 摄）

# 史迹风云

文／鄢仁辉

近现代重要史迹是我国现行文物体系中基本类型之一，是指自 1840 年以来，与重大历史事件或著名人物有关的以及具有重要纪念意义、教育意义或者史料价值的建（构）筑物及遗址。

## 一、区域分布特征

近现代重要史迹在福建省范围内的地域分布呈现不均衡，主要分布在福州（5 处）、泉州（4 处）、厦门（3 处）和漳州（3 处）等沿海地区，而南平、三明和龙岩等内陆地区几乎没有，这种分布情况与我国近现代历史发展的进程密切相关。近代以来，外敌入侵最初是从我国东南沿海地区开始的，因此，民族侵略和反侵略的斗争就首先围绕着东南沿海地区展开，相应地，这些沿海地区所遗留下来的史迹就比较多，区域分布特征具有一定的合理性。其次，因福建与台湾隔海相望，较多遗迹与台湾密切相关，如 1874 年，福建船政的创办人沈葆桢曾带领福建船政组建的福建水师官兵巡台抚台，并通过开禁、开府、开路、开矿等措施建设、开发台湾，对台湾政治、经济、文化的发展和清末大陆民众移居台湾产生极大的影响，在台湾发展史上留下不可磨灭的一页。

从保存与利用情况来看，这些历史文化遗迹受到了国家高度重视，整体保存较好，以保护性手段为主，利用开发为辅，更多地体现其历史传承价值、艺术价值和爱国主义教育价值。其中厦门与福州等经济发展水平较高地区，文物保护的手段更具有多样性，如胡里山炮台深入挖掘历史文化内涵，打造了克虏伯大炮和红夷火炮操演两个核心品牌，"迎客仪式"表演、"牵手柜台"项目、高仿真机器人硅像馆、4D 影院、幻影成像剧场、击沉日舰史料馆、光绪朝朱批奏折、独木成林等三十余个配套项目，使胡里山炮台成为一个"国内一流、国际知名"的文化旅游景点，成为厦门旅游城市的名片和窗口，是一个集观光游览、历史文化体验为一体的主体性景区。

## 二、发展脉络特征

鸦片战争，拉开了中国近代屈辱史与抗争史、探索史的序幕。林则徐宅与祠作为民族英雄林则徐的出生学习之地、归田栖息之地和纪念传承之地，它们承载着林则徐的崇高精神和非凡魅力，是世人纪念这位先贤的重要场所。厦门被迫开放为通商口岸，西方列强纷纷涌入鼓浪屿，建造了较多的公用和民用西式建筑；中法马江海战期间，亭江炮台和马江海战炮台遭到破坏，烈士墓中安息着在海战中为国捐躯的烈士。随着民族危机逐步加深，先进的知识分子积极探索救亡图存之路，从器物到制度再到文化层面层层深入。胡里山炮台与福建船政建筑是洋务运动的产物，见证了地主阶级洋务派自强求富之路；严复故居与墓中留下了资产阶级维新派中著名代表严复的故事，物竞天择、适者生存的思想振聋发聩，先烈前辈的担当值得我们铭记于心。

清末与民国时期，福建人民远渡海外经商和学习，西方的生活方式、风俗习惯和建筑风格等逐渐传入中国。鼓浪屿近代建筑群是具有突出文化多样性和现代生活品质的国际社区，素有"万国建筑博览"之美称，基本上都以西式建筑作为范本，建筑特色和风格体现了中国、东南亚和欧洲建筑和文化价值观的多元交融，列入了世界文化遗产。集美学村和厦门大学早期建筑与安礼逊图书楼是近代侨办教育建筑的代表，具有典型的闽南侨乡的建筑风格，见证了 20 世纪侨办教育的辉煌历程和历史变迁，以及中国近现代教育史和建筑史的时代变革。观山李氏民居、东美曾氏番仔楼、永春福兴堂和景胜别墅则是闽南传统民居与西方建筑元素融合的侨乡民居建筑代表，是在传统民居的基础上融合西式建筑元素，见证了近代侨乡社会变革发展的历史进程，体现了具有福建特色的中西合璧和侨乡文化色彩。

中华人民共和国成立后，社会主义经济建设蓬勃发展，虽然在"大跃进"时期遇到了困难，如五更寮土高炉群是 20 世纪 50 年代"大跃进"时期土法炼钢的历史见证物，但是我党及时拨乱反正，在党的十一届三中全会上确立了改革开放的总方针，福建厦门作为第一波经济特区试点，在全国树立了典范作用。福建作为最早开放通商口岸和对外开放的省份，是中国由站起来到富起来到强起来的历史缩影。

### 三、类型分布特点

福建省近现代重要史迹文物的数量虽然不多，但类型分布比较全面，领域广泛，基本涵盖了重要历史事件和重要机构旧址、重要历史事件纪念地或纪念设施，包括名人故（旧）居、名人墓、烈士墓及纪念设施、传统民居、工业建筑遗产及附属物、金融商贸建筑、文化教育建筑及附属物、军事建筑及设施和典型风格建筑或构筑物等类型，具有多元化的特点。

（1）军事是中国近代历史的重要课题，军事遗迹是这一历史进程的载体，海防与塞防之争屡见不鲜。福建省现有军事遗迹文物有马江海战炮台、胡山里炮台、亭江炮台和福建船政建筑，其中胡里山炮台的克虏伯大炮曾被鉴定为"世界现存原址上最古老最大的十九世纪海岸炮"；福建船政，崛起了当时中国乃至远东地区规模最大的造船基地；亭江炮台与长乐的南岸炮台隔江对峙，相互呼应，扼守闽江口，是闽江口近代海防体系的第二道防线。这些军事遗址是代表晚清时期有些有识之士已经意识到海防的重要性，也是中国近代海防史的重要见证。

（2）教育遗产可以理解有目的、有计划、有组织、系统地引导受教育者获得知识技能，将其培养成为适应社会需要的人的教育活动所产生的文化遗产。福建船政学堂敢为天下先的办学思想，是历史上第一次对传统的封建教育实行改革，开创了近代高等教育的先河，推动了近代高等教育的飞跃。安礼逊图书楼建造于1927年，是校友为纪念安礼逊对培元中学的贡献而捐款建造的，1995年台湾校友出资百万重修，现该楼已成为培元中学在世界各地及台湾的校友相互交流的纽带。集美学村和厦门大学早期建筑是著名的华侨实业家、教育家陈嘉庚先生兴建，蕴含着强烈的爱国思想和浓郁的乡土情结；在建筑形式上，中式的大屋顶与西洋式屋身组合的建筑形式是其基本特征，是中国近现代校园建筑的典范和奇葩。

（3）工业建筑。鸦片战争后，福州成为最早对外开放的五个通商口岸之一，开始了步履蹒跚的现代化历程。福建船政是中国最早出现的大型军事工业企业，是中国近代史中最重要的军舰生产基地，中国海军的发祥地，中国第一架飞机制造地，对福建的经济、教育、社会观念、社会结构和城市建设发挥了重要影响。五更寮土高炉群，是偏远山区发现的保存数量最多、最为集中的一处近现代工业文化遗产，是 20 世纪 50 年代"大跃进"时期土法炼钢的历史见证物，具有较高的历史价值。

（4）金融商贸建筑，体现了我国近现代经济领域的发展新现象。我国的金融业发展起步晚，发展慢，且受三座大山的影响，天一总局便是在这种背景下成长起来的，在郭有品的带领下，凭借这支团队讲究信誉、严格管理、规范汇率及热情周到的服务，天一批馆获得了海内外华侨的信任与青睐，成为兼任批银揽收和传递信息的规模最大、分布最广、经营时间最长的早期侨批局。

（5）名人故居。透过现存的遗迹，能感知先贤们曾经的人生百态，穿越时空与他对话。比如人们可以在福州亲手触摸到 100 多年前中国人"富国强兵"的实践，体味民族英雄林则徐的爱国情怀，追忆启蒙者如严复的思绪，还有工程技术先驱如詹天佑的梦想等。

由此可见，福建省在军事、教育、文化、农业、经济、名人等各个领域都分布有特色鲜明、保存完好、品相较高的历史遗迹，足以证明其在中国近现代史上的地位之重要。

福建，位于中国东南沿海，是最早遭受外来侵略、殖民压迫较为严重的地区之一，也是近代民族企业发展较快、接受外来思想文化较早的区域，可以说是中国近现代史的缩影。这也奠定了福建省的近现代历史遗迹中西合璧、富于侨乡文化的典型特色。而侨乡文化在一定程度上也反映出中国传统儒家思想——宗法观念、仁爱忠孝，这是对传统文化的继承与发展，也是福建人民的精神力量，更是海峡两岸人民的联系纽带。

# [名人故居、墓]

## 福建戍守台湾将士墓群

清
第七批
宁德市福鼎市太姥山镇秦屿虎头岗
福州市马尾区亭江镇闽安村
漳州市东山县铜陵镇演武街

**（宁德市）**

虎头岗戍守台湾将士墓群位于福鼎市太姥山镇秦屿村，是清朝统一台湾、戍守台湾最为主要的官兵补给基地。康熙二十二年（1683）施琅抽调烽火营游击王祚昌等参与收复台湾，后按三年班兵制定期抽调烽火营戍守台湾。部分罹难将士之尸骸运回秦屿集体安葬于虎头岗、圣寿岭，树碑曰"戍台故兵义冢"。

**（福州市马尾区）**

清同治甲戌年(1874)日军进攻台湾时，随沈葆桢援台御敌阵亡或染瘴疫病死的将士，归葬于亭江镇闽安村。

**（漳州市东山县）**

东山戍台官兵墓，俗称"演武亭万福公"，位于东山县铜陵镇演武街东山二中西侧，始建于明洪武年间，主要用来收葬东山岛先民无嗣或无主尸骨，并筑祠坛祭奠其亡灵。明景泰三年（1452），铜山水寨开始抽丁戍卫澎湖、台湾，先后与入侵该地区的外国列强或海盗进行殊死的斗争。在历次战争中殉难的东山官兵大多将遗骸送来埋葬于此。清顺治十八年（1661），郑成功率师收复台湾，铜山大批青壮年随军东征，殉难者的遗骸陆续迁葬于此。

清统一台湾后，朝廷从福建沿海各镇协调拨班兵驻戍台澎，据不完全统计，东山先后出戍台澎的班兵有四万余人。官兵殉难后，通常先将其骨殖装进陶瓮，后再移回东山葬于此。

戍台将士墓群是明清两代戍边将士为保卫台湾而远渡大洋、抛头颅、洒热血、共御外侮、保家卫国的真实历史见证，其历史沿革清晰，涉台渊源明确，是迄今为止闽台两地军事往来、血气同根、法缘同体最直接的历史反映，也是台湾自古以来隶属中国不可分割领土的最有力证据。

福州闽安戍台将士墓群（阮任艺 摄）

## 陈化成墓

清

第六批

厦门市思明区金榜山北麓

陈化成墓，始建于道光二十三年（1843），1986 年进行重修。现存墓园面积 700 平方米。墓坐西朝东，呈"风"字形结构，三合土砖石构筑，龟形坟丘，两翼置石栏板和栏柱，柱首刻火炬或坐狮。墓碑为花岗岩石质，方首，长 2.1 米，宽 0.96 米，厚 0.2 米，上镌"皇清诰授振威将军赐谥忠愍陈公诰封一品夫人德配曾夫人莹"。墓前方为立于 1992 年的陈化成半身铜像，下为花岗岩炮台模型。铜像前方竖有始建时的六边形石联柱一对，上联"俎豆馨香荐忠良而易名两字"、下联"粤闽江浙垂功烈而炳节千秋"。

陈化成（1776—1842），字业章，号莲峰，同安丙州人，鸦片战争时期抗英民族英雄。1831 年任福建水师提督，驻守厦门十年。1840 年鸦片战争爆发后，调任江南提督，驻守上海吴淞炮台，1842 年 6 月，陈化成指挥守军抵抗进犯的英舰，因敌众我寡、孤军无援而壮烈牺牲，灵柩运回厦门安葬。

# 林则徐宅与祠

清
第七批
福州市鼓楼区中山路 19 号、文藻北路、澳门路 16 号

林则徐宅与祠包括林则徐出生地暨幼年读书处、林则徐故居、林则徐祠堂。林则徐（1785—1850），福建侯官人。林则徐宅与祠是民族英雄林则徐出生、成长及后人对他的纪念之地。

林则徐出生地暨幼年读书处位于鼓楼区鼓东街道中山路 19 号，由两座并排木构建筑组成，占地面积 865.52 平方米。出生地后改作林家支祠，读书处即罗式试馆。这里是林则徐出生、幼年读书以及中秀才、举人、进士直至 28 岁偕妻进京前生活的场所。该建筑于 1997 年复原。

林则徐故居位于鼓楼区鼓西街道文藻北路，又称"云左山房"，总面积 3405 平方米，系清道光初年（1821—1829）林则徐为官后购置的旧房屋。正座计三进，面阔五间，东西各两进。大门额题"尚书第"，门外有照壁；一进为厅堂，旁边会客；二进有楫斗楼等，为林则徐父母居室；三进有两层五间排的"七十二峰楼"，楼下住林则徐夫妇和其长子，楼上为书房。

林则徐祠堂，位于鼓楼区南街街道澳门路 16 号，占地总面积 2330 平方米，清光绪三十一年（1905）由林氏后裔及门人集资兴建，是祭祀林则徐的专祠，祠坐西朝东，前施屏墙一道，左右设拱券小门，分别书额："中兴宗衮""左海伟人"。

俯瞰林则徐祠堂（林建华 摄）

林则徐祠堂云左阁（阮任艺 摄）

林则徐出生地暨幼年读书处（林则徐纪念馆 供图）

林则徐祠堂内的御制碑文（林则徐纪念馆 供图）

林则徐小行星命名纪念碑
（阮任艺 摄）

林则徐出生地——林家支祠厅堂（阮任艺 摄）

# 林则徐墓

1851

第三批

福州市鼓楼区马鞍村

此墓系清道光六年（1826）林则徐为父母营造的，林则徐逝世后附葬于此。墓坐北朝南，面对五凤山，平面呈如意形，为三合土夯筑，五层墓埕，面宽 14.6 米，纵深 37 米。封土隆起，形如覆釜。封土后护坡正中饰一圆形的"寿"字，直径 0.82 米。封土前竖立一块高 1.08 米、宽 2.55 米、厚 0.16 米的墓碑，碑面阴刻："皇清诰封资政大夫、两淮盐政、前江苏按察使赐谷林公、配陈夫人，男少穆公、妇郑夫人，出继男雨人公、妇李孺人寿域。道光丙戌年仲夏吉旦立。"楷书，直下 11 行，字径 12 厘米。碑文中的"赐谷林公"为林则徐父林宾日（1749—1827）；"陈夫人"为林则徐母陈帙（1759—1824）；"少穆公"即林则徐，"郑夫人"为林则徐妻郑淑卿（1789—1847）；"雨人公"为林则徐弟林霈霖，"李孺人"为霈霖妻李氏。

* * * * * * * * * * * * * * * * * * * * * * * * * * * * * * * * * * * * * * * * * * * * * * * * *

墓碑两侧墓柱亦为三合土质，上刻："百丈松楸驯鹿土，千秋圭节卧牛眠。"封土前两侧的墓屏镌刻："风清华表翔元鹤，云护佳城阖玉鱼"。第一层墓埕两旁雄踞一对狮子，三合土塑，雄戏球，雌携子。两侧竖立一对青石碑，左为《御赐祭文》，右为《御赐碑文》，高 2.6 米，宽 1.10 米。第二层墓埕正中立一堵三合土横屏，上刻："五凤来翔"楷书，字高 0.59 米，宽 0.46 米。

林则徐墓及细节

# 严复故居和墓

清至民国
第六批
福州市仓山区盖山镇阳岐村

严复故居位于福州市仓山区盖山镇阳岐上岐村几道巷。旧名大夫第，因严氏始祖为唐代朝请大夫严怀英。现为清初建筑，相传严复出生于此。占地745平方米，坐南向北，二进。由前后厅堂、左右厢房、前后天井、左右披榭、门廊等组成。两进均是面阔三间，进深七柱，穿斗式木构架，双坡顶。

严复墓位于阳歧村北鳌头山东麓。坐西向东偏北，花岗石结构，呈如意形，三层墓埕，占地面积200多平方米。封土为三合土质，封土前竖一青石墓碑，楷书阴刻："清侯官严几道先生之寿域"墓。墓系清宣统二年（1910），严复为归葬亡妻王氏，令长子严伯玉监造，严复自书墓碑及"惟适之安"横屏。1921年严复病逝后葬此。陈宝琛为其撰墓志铭。

严复墓坐落在福州市仓山区盖山镇阳岐村北鳌头山东麓

位于阳岐的严复故居大门（黄以注 摄）

位于郎官巷的严复故居，现辟为严复纪念馆（陈泽扬 摄）

位于郎官巷的严复晚年居住地（夏日利 摄）

# 陈嘉庚墓

1961
第三批
厦门市集美区嘉庚路 1 号

陈嘉庚（1874—1961），为著名爱国华侨领袖，曾任中国人民政治协商会议全国委员会副主席、全国人民代表大会常务委员会委员、中华全国归国华侨联合会主席等职。1961 年病逝于北京，后归葬于集美鳌园。

鳌园位于福建省厦门市集美东南海滨的鳌头屿上，上有"鳌头宫"庙，抗日战争期间毁于战火。1951 年，陈嘉庚先生为纪念集美解放，在此填海扩屿，兴建鳌园，历时 10 年竣工。鳌园占地面积 8511 平方米，园门北向，内有长廊，两壁雕镂有中国近代革命史、诸葛亮马前课、历史典故和传统戏剧等。园中央耸立毛泽东主席题写的"集美解放纪念碑"。碑高 28 米，碑座分两层，顶覆蓝色琉璃瓦，园内四周围栏屏壁镌刻名人手书对联、题词以及工农业生产、文教卫生、虫鱼鸟兽、花草山水等雕刻画面。

碑南为陈嘉庚墓。墓石构，为寿龟形，墓盖用 13 块磨光辉绿岩镶成。弧形青石屏壁浮雕陈嘉庚前半生的生平事迹图像多幅。墓前建鳌亭一座，亭顶四周雕刻着古今史话。

陈嘉庚 1961 年病逝于北京，后归葬于集美鳌园（陈伟凯 摄）

集美鳌园陈嘉庚墓（夏日利 摄）

# [ 军事建筑及设施 ]

## 亭江炮台

清

第七批

福州市马尾区亭江镇南般村

亭江炮台位于马尾区亭江镇南般村，又称北岸炮台或南般炮台，素有"省府门户"之称。始建于清顺治十四年至十五年，曾重修，现保存较好。炮台占地约3000平方米，由山巅主炮台、山边前沿炮台、临江岸炮台群及山后弹药库组成。炮台与弹药库、炮台与炮台之间有地道相通，地道里设有休息室。是近代典型的海防岸炮阵地。

亭江炮台在清道光、光绪年间多次重修，清道光三十年（1850），林则徐巡察闽江两岸上奏重建

八闽物语

302

闽安北岸炮台，今称亭江炮台，位于马尾区亭江镇，与长乐象屿的南岸炮台隔江对峙，扼守闽江下游的咽喉地带（阮任艺 摄）

亭江炮台是目前闽江下游炮台遗迹中保留最完整的一座

# 马江海战炮台、烈士墓及昭忠祠

清
第四批
福州市马尾区昭忠路 1 号

清光绪十年七月初三日（1884 年 8 月 23 日），法军偷袭马尾，福建水师在极不利的情况下仓促还击，英勇奋战，水师将领高腾云等近 800 位将士壮烈牺牲。为纪念中法马江海战阵亡官兵，同年冬，船政大臣裴荫森奉旨筹建昭忠祠，光绪十二年（1886）竣工。祠分前后两进，西侧为墓园。1920 年祠扩建，墓重修，立"光绪十年七月初三日 马江诸战士埋骨之处"墓碑，为我国近代反侵略战斗的重要史迹。

马江海战纪念馆——昭忠祠（刘述先 摄）

马江海战炮台中坡炮台（刘述先 摄）

马江海战烈士墓（刘述先 摄）

# 胡里山炮台

清

第四批

厦门市思明区曾厝垵路 2 号

清光绪十七年（1891），福建水师提督彭楚汉会同闽浙总督卞宝第题奏获准建造厦门胡里山炮台，继任总督杨歧珍于光绪二十二年（1896）完成炮台建设。该炮台与厦门岛对岸的龙海屿仔尾炮台互为犄角，控制厦门港口，是清末厦门要塞的主炮台。

炮台以西洋炮台为建造模式，采用花岗岩砌筑城墙、城垛，炮台火力区之台基则沿袭我国传统的工艺，以糯米饭、乌樟树汁拌灰沙夯筑而成，这种做法的优点在于被炮弹击中后可缓减对人员的杀伤力。

胡里山炮台完整地保留了始建时期的布局，占地面积 13000 平方米，平面呈长方形，南部临海处为火炮配置区。东西两个炮位呈圆形，直径为 12 米，深陷于台基之下。台基下建有连通炮位的石砌地下暗道。炮位原无堡盖，大炮可作 360 度旋转。现堡盖系 1937 年炮台遭日本飞机轰炸后所建。炮台中部为练兵场，其两侧各建一列砖石结构的拱券顶营房。练兵场北侧为一幢两层西式楼房，内设长官厅、会议厅、观察室等，抗战期间二楼被日本飞机炸毁，1997 年重建。

胡里山炮台位于厦门东南海岬突出部，为半地堡、半城垣式（叶建军 摄）

胡里山炮台的克虏伯大炮曾被鉴定为"世界现存原址上最古老最大的十九世纪海岸炮"（刘悦 摄）

胡里山炮台配备了当时最优的装备 （陈伟凯 摄）

# [ 工业建筑 ]

## 福建船政建筑

清至民国

第五批

福州市马尾区船政路 3 号

福建船政建筑位于马尾区马尾镇马限山西麓中岐。清同治五年（1866）闽浙总督左宗棠选址动工，后由沈葆桢主持其事。同治七年（1868）7 月船政十三厂（车间）大部分落成。现保留有一号船坞、钟楼、轮机厂、绘事院等。

清末船政学堂校貌

船政十三厂硕果仅存的轮机厂车间

船政钟楼

船政一号船坞（刘述先 摄）

马尾船政建筑全景（严硕 摄）

船政衙门是清政府在马尾设立的总理船政事务衙门，是清末直属的中央职能部门。图为修复后的船政衙门（严硕 摄）

船政博物馆（吴军 摄）

船政学堂是中国第一所近代海军学校，被称为"中国近代海军摇篮"，图为修复后的船政学堂（严硕 摄）

五更寮土高炉（庄文国 摄）

# 五更寮土高炉群

1958
第七批
漳州市南靖县书洋镇上田村五更寮山东麓山坡

五更寮土高炉群位于南靖县书洋镇上田村五更寮山东麓山坡的旷野中，共有8座土高炉，均建于1958年，1960年弃用。

高炉群原有土高炉三排24座，现剩一排8座，由南向北呈一字形排列，间距有大有小，现存高度不一，单体炉最高者4.8米，最矮2.2米。圆柱形炉体，内壁从炉基部位向上略为收分，底部设有投柴口、进风口、出铁口。

五更寮土高炉群是20世纪50年代"大跃进"时期土法炼钢的历史见证物。

五更寮土高炉内壁（庄文国 摄）

## [ 文化教育建筑 ]

### 集美学村和厦门大学早期建筑

民国
第六批
厦门市集美区集美学村、思明区厦门大学内

著名的华侨实业家、教育家陈嘉庚先生兴建的集美学村和
厦门大学早期建筑是中国近现代校园建筑的典范，是研究
我国近现代建筑发展史的重要实物资料。

集美学村和厦门大学早期建筑位于厦门市集美区集美学村
及思明区厦门大学内，分别建于 20 世纪 20 至 50 年代。
保存较好和较具代表性的建筑有集美学村的尚忠楼群、允
恭楼群、南侨楼群、南薰楼群、科学馆、养正楼，厦门大
学的群贤楼群、芙蓉楼群和建南楼群。从建筑形式上可分
为两种类型：一种是仿西方古典主义及殖民地的建筑形式，
另一种是中西结合形式。

集美学村南薰楼（陈伟凯 摄）

集美学村（卓丽志 摄）

厦门大学建南楼群（蔡敦农 摄）

厦门大学群贤楼（厦门大学 供图）

厦门大学芙蓉楼群（蔡敦农 摄）

# 安礼逊图书楼

1927
第八批
泉州市鲤城区开元街道培元中学内

安礼逊图书楼建于 1927 年，建筑平面呈"十"字形，占地面积 1246 平方米，建筑面积 981 平方米，为钢筋混凝土结构，由门楼、门厅、礼堂、礼台组成。

门楼平面为长方形、平顶，顶部为晒台，周围浇筑围栏，面承洗石子，占地面积 323 平方米，建筑面积 264.3 平方米；门厅共有五层，第一至第四层为西式建筑风格，第五层为中式结构凌云台，总高 24.8 米，占地面积 311 平方米，建筑面积 236.4 平方米；礼堂平面为长方形，屋顶两坡水，前面屋角有交趾陶堆积卷草，混凝土抬梁式梁架，屋面为红瓦，占地面积 483 平方米，建筑面积 384.24 平方米；礼台为拱形，边缘有卷草纹饰和泥塑，平顶，占地面积 129 平方米，建筑面积 96.65 平方米。

安礼逊图书楼由民国闽南建筑大师傅维早主持设计，外墙立面采用简化的西洋柱式，塔楼顶部凌云台采用闽南地方传统建筑形式，属典型的中西合璧建筑风格，是近代泉州城标志性建筑之一。安礼逊图书楼见证了 20 世纪侨办教育的辉煌历程和历史变迁，以及中国近现代教育史和建筑史的时代变革。

安礼逊图书楼"共进大同"匾额（陈锦山 摄）

安礼逊图书楼"为国树人"匾额（陈锦山 摄）

安礼逊图书楼门楼（成冬冬 摄）

安礼逊图书楼礼堂大厅礼台（陈锦山 摄）

安礼逊图书楼外观（成冬冬 摄）

安礼逊图书楼塔楼顶部凌云台为闽南地方传统建筑形式（成冬冬 摄）

# [ 典型风格建筑 ]

## 观山李氏民居

1890—1936
第八批
泉州市南安市眉山乡观山村

观山李氏民居位于泉州市南安市眉山乡观山村，包括番仔楼、功藏厝、成器厝，总建筑面积 1397 平方米。

番仔楼又称池塘湖番仔楼，建于 1899 年，坐西北朝东南，建筑面积 380 平方米，上、下二层，建筑外墙线条硬朗，南洋风格浓厚，内部装饰为闽南风格。功藏厝建于 1890 年，坐西北朝东南，建筑面积 530 平方米。成器厝建于 1936 年，坐北朝南，建筑面积 487 平方米。功藏厝和成器厝建筑为单进二落带双边护厝的传统闽南红砖大厝，抬梁式或穿斗式木构架，硬山顶，燕尾脊。

观山李氏民居由清末民国著名爱国华侨李功藏及其长子李成器回乡所建。李功藏（1860—1928），观山人，印度尼西亚商界领袖，热心于家乡公益事业，在闽南地区捐建大量市政及公共建筑，20 世纪 20 年代曾捐资修缮泉州开元寺双塔和泉州府文庙等古建筑。

观山李氏民居内砖木石无一不雕，且雕饰精美繁缛。建筑造型和雕饰融入南洋风格，呈现出中西合璧、土洋结合的建筑装饰特征，折射出南洋文化、西方文化对闽南侨乡的影响，体现了独特的历史、艺术和社会价值。

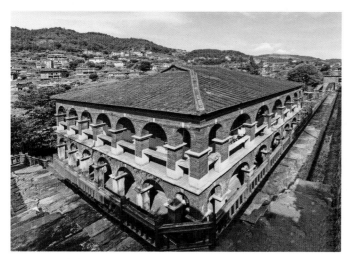

番仔楼（成冬冬 摄）

功藏厝，又称池塘湖大厝（成冬冬 摄）

西金厝房梁上精美的木雕

观山李氏民居石雕（成冬冬 摄）

# 东美曾氏番仔楼

1910
第八批
漳州市龙海区角美镇东美村

东美曾氏番仔楼位于漳州市龙海区角美镇东美村墩上社，始建于清光绪二十九年（1903），主体建筑于清宣统二年（1910）竣工。

番仔楼主体建筑群坐南朝北，平面呈凹字形，占地面积5140平方米，总建筑面积3357.5平方米，大小房间共99间，包括宗祠、中楼、后楼、东大厝、西大厝、西楼、东楼、副楼、打谷房、风力抽水机房和附属用房。

东美曾氏番仔楼总体布局严谨，工艺精湛，中西合璧。整体建筑沿中轴线对称排列，左右各有二条通巷，形成五纵三横的建筑布局。每排之前都有大石埕作为缓冲带，分别称作前埕、中埕、后埕。中轴线上的宗祠为闽南传统祠堂建筑风格，两侧大厝融闽南传统民居与西方外廊式建筑元素于一体；主体建筑四周环绕外廊式建筑，体现中西建筑文化的交融，具有较高的历史、艺术和科学价值。

"曾氏番仔楼"是由当地华侨曾振源于清末民初返乡而建的（崔建楠 摄）

曾氏古建筑群由曾氏宗祠、闽南传统民居、西洋风格番仔楼和一座两层红砖洋房组成，规模宏大（严硕 摄）

# 鼓浪屿近代建筑群

清至民国
第六批
厦门市思明区鼓浪屿

鸦片战争后，厦门被迫开放为通商口岸，西方列强纷纷涌入鼓浪屿，建造了较多的公用和民用西式建筑。二十世纪二三十年代，大量富商、华侨也纷纷到鼓浪屿建宅置业，兴建了为数众多的仿西式或中西合璧式住宅建筑，使鼓浪屿成为万国建筑的汇集地。

鼓浪屿近代建筑群主要由美国领事馆旧址、日本领事馆旧址（包含警察本部两座建筑）、汇丰公馆旧址、天主堂、三一堂、安献楼、八卦楼、西林·瞰青别墅、亦足山庄、菽庄花园等 36 处建筑及建筑基址组成。

美国领事馆旧址（林聪明 摄）

美国领事馆旧址位于厦门市思明区三明路 26 号，始建于清同治四年（1865），现建筑于 1930 年重建。坐西朝东，面宽 28.7 米，进深 19.9 米，高 10.8 米，占地面积约 6300 平方米，总建筑面积 1020 平方米，折衷主义的美国式建筑，砖混结构。地上二层，地下一层。

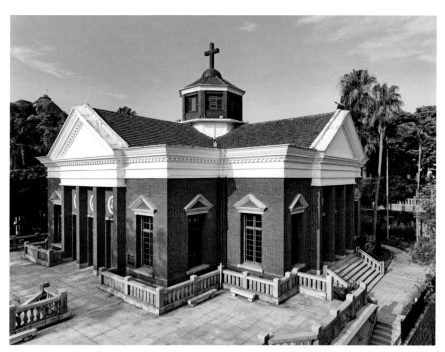

鼓浪屿三一堂（林聪明 摄）

鼓浪屿三一堂位于厦门市思明区安海路69号，建于1936年，为典型的欧式教堂建筑，设计者为留学德国的中国建筑师和荷兰工程师共同设计。教堂坐西朝东，面宽、进深均为26.64米，高18.9米，建筑面积886平方米，砖混结构。

安献楼（林聪明 摄）

安献楼位于厦门市思明区鸡山路18号，建于1936年，由美国建筑师设计。楼坐北朝南，为花岗岩条石建成的全石构建筑。面宽37.8米，进深12.6米，共3层，建筑面积1005.6平方米。

鼓浪屿天主教堂（林聪明 摄）

鼓浪屿天主堂位于厦门市思明区鹿礁路34号，建于1917年，为典型的哥特式建筑，由西班牙建筑师设计。教堂坐西北、朝东南，面宽10.7米，进深28.3米，建筑面积232平方米，砖石结构，平面布局前部为方形、后部为半圆形。

日本领事馆旧址（林聪明 摄）

日本领事馆旧址位于厦门市思明区鹿礁路
24、26、28号，包括领事馆旧址和警察本
部旧址两部分。领事馆建于清光绪二十二
年（1896），警察本部建于1928年。领事
馆坐北朝南，楼面宽62.4米，进深16.26米，
建筑面积2930平方米。砖木结构，地上
二层，地下一层。警察本部，共两幢，一
幢为警察署，另一幢为警察宿舍，均为砖
混结构。警察署坐南朝北，楼面宽17.23米，
进深18.43米，建筑面积855平方米。地
上二层，地下一层。警察宿舍坐西朝东，
共2层，楼面宽24.95米，进深9.9米，建
筑面积508平方米。

鼓新路57号汇丰公馆旧址（林聪明 摄）

汇丰公馆旧址位于厦门市思明区鼓新路57
号，建于1920年，典型的欧式别墅建筑。
砖石结构，占地384.6平方米，地上一层，
半地下一层。

鼓浪屿八卦楼（林聪明 摄）

鼓浪屿八卦楼位于厦门市思明区鼓新路43号，建于1907年，由美国建筑师设计，是鼓浪屿的标志性建筑。楼坐南朝北，面宽53.5米，进深33米，高26.6米，建筑面积为3710平方米。

西林·瞰青别墅（林聪明 摄）

西林·瞰青别墅位于厦门市思明区永春路72、73号，分别建于1918年、1927年，为欧式别墅建筑。西林别墅坐南朝北，砖混结构，地上三层（局部四层），半地下一层。面宽24.5米，进深21.8米，建筑面积1360平方米。瞰青别墅坐东朝西，砖木结构，共两层。面宽14.27米，进深16.09米，建筑面积459平方米。

亦足山庄（林聪明 摄）

亦足山庄位于厦门市思明区笔山路9号，建于1919年，为典型的欧式别墅建筑。楼坐西朝东，地上二层，半地下一层，砖石结构。面宽20.23米，进深18.3米，建筑面积1022.2平方米。

菽庄花园（陈伟凯 摄）

菽庄花园位于厦门市思明区鼓浪屿岛西南海滨，建于 1913 年。占地面积近 20000 平方米。
园林为"藏海"和"补山"两大景区。

# 永春福兴堂

1947

第八批

泉州市永春县岵山镇塘溪村

永春福兴堂建成于 1947 年，建筑坐西朝东，平面呈长方形，占地面积 2100 平方米，建筑面积 1570 平方米，为闽南常见的五间张两进、双护厝，抬梁穿斗式砖石木混合结构，红墙灰瓦，局部融有西方建筑装饰元素，形成闽南侨乡中西合璧的建筑特色。

永春福兴堂建筑装饰种类多样，包括石雕、木雕、砖雕、灰塑、剪瓷雕和彩画；雕刻技法独特，有平雕、线雕、浮雕、透雕和圆雕；装饰题材广泛、雕刻细腻、工艺精美，充分展现了闽南地区传统建筑装饰技艺中精美繁缛、细致的风格特点。除了民俗、儒家、宗教文化外，还汇集有民国时期福建著名书画名家作品。福兴堂的各种雕刻精美绝伦，巧夺天工，充分展现了闽南地区传统建筑装饰艺术风格与特点。

永春福兴堂不仅具有以红砖墙灰瓦为要素的闽南传统民居建筑风格特征，还吸收西方建筑形式元素，形成独特的中西杂糅风貌，集中反映了民国时期闽南侨乡建筑文化中儒家、宗教、侨乡与民俗等多元文化的融合。

福兴堂主入口"踏寿"（泉州市文保中心 供图）

福兴堂南面鸟瞰（泉州市文保中心 供图）

主立面门楣石雕"国治"（泉州市文保中心 供图）

左厢侧门上方灰塑（泉州市文保中心 供图）

大厅檐廊木雕（泉州市文保中心 供图）

屋脊装饰（泉州市文保中心 供图）

# 景胜别墅

1948
第八批
泉州市石狮市宝盖镇龙穴村

景胜别墅主体建筑占地面积 1565 平方米，面阔五间带周廊。建筑风格为中西合璧，四层，砖石木砼混合结构，一至三层为居室，四层是楼梯间。首两层周边外廊为混凝土柱梁，水刷石饰面；内部呈闽南传统民居的"三落三间张"格局。三层向中内退，单进院落格局。三层中轴线上建两座镇楼亭，均为钢筋混凝土仿木构形式，其中前亭立于二层楼顶，为两层八角亭，依附在三层立面上；后亭立于三层楼顶中心，为重檐六角亭。

景胜别墅由地方工匠采取传统营造方式建造完成，其空间、构造、材料、装饰等方面将欧洲外廊式建筑与闽南传统建筑特征完美结合，成为闽南红砖建筑与南洋建筑文化结合的典范。

景胜别墅屋顶装饰（成冬冬 摄）

景胜别墅（蔡祥山 摄）

景胜别墅镇楼亭前亭（成冬冬 摄）

景胜别墅门楼（成冬冬 摄）

景胜别墅厅堂（成冬冬 摄）

## 天一总局旧址

民国
第六批
漳州市龙海区角美镇流传村

天一总局由旅菲华侨郭有品于 1880 年创办，由北楼、大厝（亦称宛南楼）、陶园等建筑组成。北楼为西式砖木结构二层楼房，分前后两座，中有天井，建筑总面积 1400 平方米。屋内结构中西合璧风格，外墙上装饰着西洋人物雕像和中式的花草图案装饰，有天使、和平鸽、骑车邮差、五角星、荷花、菊花、兰花等花鸟图案作为外墙四周的装饰。窗檐和走廊有明显的欧式建筑特点。房内装饰精致，至今还保留着在当时极少有的柱装饰、进口蓝色玻璃、磨砂玻璃、彩绘瓷砖。整座建筑外景显示西式建筑风格、内景室内结构显示中式的适用特征。整座建筑雄伟壮观，内涵意义重大，它是中国历史上规模最大、分布最广、经营时间最长的早期侨批局，在闽南侨批史乃至中国邮政史、中国金融史上占有重要席位，对外有着广泛影响。

天一总局——漳州最早的侨批局（吴军 摄）

天一总局内还遗留这当年使用的彩色玻璃提示牌（吴军 摄）

天一总局航拍（严硕 摄）

# 革命遗址

文 ／ 赖文燕

福建有着光荣的革命斗争传统，在革命战争年代留下了许多光辉的足迹，这些足迹在述说着福建为中国革命的胜利作出的重大贡献。

1929 年 3 月，红四军挺进闽西，攻占长汀，成立中央苏区第一个县级红色政权长汀县革命委员会，在长汀进行了 17 天的革命实践，为中国革命奠定了坚实的基础。美国记者史沫特莱在《伟大的道路》一书中写到："长汀果真是中国命历史的一个转折点"。3 月 20 日毛泽东在长汀辛耕别墅主持召开红四军前委扩大会议，提出了建立闽西赣南二十余县苏维埃政权割据的伟大战略计划，第一次描绘了建立中央革命根据地的宏伟蓝图。福建是中央苏区的半壁江山，是中国共产党党确立思想建党、政治建军原则的地方，是我军政治工作奠基的地方，是新型人民军队定型的地方。"红旗越过汀江，直下龙岩上杭"。1929 年 6 月闽西革命根据地基本形成，随着革命根据地的创建、红四军的发展壮大，解决红军中存在的各种非无产阶级思想成为一项紧迫的任务。1929 年 10 月陈毅从上海带回中共中央给红四军前委的指示信，史称"九月来信"，"9 月来信"充分肯定了毛泽东的正确主张。1929 年 12 月 3 日，国民党发动第二次"三省会剿"，金汉鼎师由赣入闽，为避免与该敌作战，朱德、毛泽东、陈毅率领红四军第一、二、三纵队离开长汀，开赴连城新泉与第四纵队会合，在新泉进行了十多天的政治和军事整训，为召开红四军第九次党代会作好了充分的准备。12 月 28 日—29 日，红四军在上杭古田镇曙光小学召开了红四军第九次党的代表大会，史称古田会议。会议通过《古田会议决议》，是我党我军建设的纲领性文件，它直指军内的种种旧军队积习，解决了在以农民为主要成分的情况下，如何建设党、如何建设军队的问题，使红军成为党的军队和人民的军队，从此有了"根"和"魂"。福建是农村包围城市武装夺取政权中国革命道路理论形成的地方。1930 年 1 月 5 日，毛泽东在上杭古田赖坊写下了《星星之火 可以燎原》，论证了建立农村革命根据地的正确性和重要性。提出了 "以乡村为中心"的思想，从理论上系统地对中国革命的道路问题作了深刻的阐述。至此，毛泽东关于中国革命道路理论正式形成。

红军是一个执行革命政治任务的武装集团，工农红色政权的建立是毛泽东把马列主义武装夺取政权的理论与福建具体情况相结合的产物。1929 年 7 月，毛泽东在上杭蛟洋指导召开了中共闽西第一次代表大会，大会成立了中共闽西特委，通过了多项决议，制定了"坚决地领导群众，为实现闽西工农政权的割据而奋斗"的总路线。闽西各地掀起了如火如荼的斗争，在短短的时间里先后建立了 4 个县 50 多个区 400 多个乡的红色政权。1929 年 9 月 21 日，朱德率领红四军和闽西地方武装一举攻克上杭城，歼敌千余，缴枪千支。10 月 11 日恰逢重阳节，毛泽东在上杭临江楼填词一首《采桑子·重阳》。1930 年 3 月 8 日闽西苏维埃政府在龙岩城成立，标志着闽西革命根据地形成。闽西革命形势一片大好的同时，隐蔽战斗在福州、厦门、漳州等国民党统治区的中共地下组织和广大党团员，在极端困难的条件下，利用一切合法形式，领导开展工人、学生运动。厦门是福建白区革命运动最活跃的城市，1930 年，中共福建省委组织了著名的厦门劫狱。劫狱特务队 11 人仅用 10 分钟，就成功救出 40 多名被捕同志，自己无一伤亡，厦门的"五·二五"破狱的重大胜利，震惊全国。在革命形势向好的情况下，闽粤赣省委和闽西苏维埃政府为了贯彻全国第一次工农兵代表大会所通过的各项政策法令，以适应赣南、闽西苏区连成一片以后的革命根据地更加巩固与发展的形势，决定召开福建省第一次工农兵代表大会。1932 年 3 月 18 日大会在汀州试院召开并成立福建省苏维埃政府，从此闽西苏区进入强盛与发展时期。

福建是中国共产党马克思主义中国化的重要实践地。毛泽东把总结出的由于中国的政治经济发展不平衡，无产阶级革命能够在敌人统治薄弱的地区首先取得胜利的理论，应用于赣南和闽西，建立了中国最大的一块革命根据地——中央革命根据地。在福建的崇山峻岭中隐藏着一条打不垮摧不烂的秘密交通线，这条中央红色交通线开辟于 1930 年，由上海出发，经香港、汕头、潮州、大埔进入闽西永定、上杭、长汀，最后到达江西瑞金。这条交通线持续畅通长达 5 年之久，像一条流动不止的血脉，为敌占区向根据地传递重要文件、信件和情报资料，输送经费和各种物资，并护送 200 多位党的重要领导干部，进入中央苏区。这条秘密交通线成为苏维埃血脉，为中央苏区和中华苏维埃共和国的建立和发展作出重要贡献。福建是中国共产党民主建政的实践基地，是中央苏区土地革命、法治建设、红色金融的摇篮，创造了"全国苏区模范乡""中央苏区红色小上海""中央苏区乌克兰"等先进典型，为苏区建设树立了榜样。1930 年 11 月 7 日，在龙岩城成立以闽西苏维埃政府为主导，由广大工农大众参与的中央苏区第一个股份制银行——闽西工农银行。闽西工农银行成立后，为整顿金融、恢复生产、发展贸易，进行了艰巨复杂的斗争。发行了在闽西革命根据地内流通的纸币，票面额有一角、五角、一元 3 种。苏币发行后，禁止伪币、劣币在市场上流通。工农银行对活跃根据地经济，发展生产，改善军民生活，支持革命战争，巩固工农民主政权，都起了重要的作用，并作为中华苏维埃银行的前身，作出了十分有益的探索。上杭才溪是中央苏区的模范区、模范乡。1933 年冬，为总结和推广才溪人民建设革命根据地的典型经验，毛泽东来到才溪，进行了深入、细致的社会调查，写下了著名的《才溪乡调查》，《才溪乡调查》从民主建政的模范、干部优良作风的模范、经济建设的模范、扩红支前的模范、妇女工作的模范、文化教育的模范等方面介绍并总结了才溪之所以成为中央苏区第一模范区、模范乡的典型经验。为表彰才溪的光荣业绩，福建省苏维埃政府拨款建立了光荣亭。红色政权的不断发展让国民党当局坐卧不安，从 1930 年 12 月开始国民党先后对中央苏区发动了五次"围剿"。在党的坚强领导下，前四次反"围剿"都取得了胜利。1932 年 4 月红军东路军东征漳州，取得重大胜利，还缴获飞机两架，补充了给养，红军乘胜攻取了石码、漳浦等地。1932 年 10 月，红一方面军在朱德、周恩来的指挥下，趁国民党军第四次"围剿"部署未完成之际，红一方面军攻克了建宁、黎川、泰宁，恢复、巩固了中央苏区的东北门户和连结闽浙赣苏区的交通枢纽的建黎泰苏区。第五次反"围剿"失利后，在福建的中央红军分别从长汀、宁化等地出发，踏上了充满艰险的漫漫长征路。松毛岭激战、血战湘江中，福建儿女付出了巨大的牺牲。

中央红军长征后，坚守福建苏区的红军在党的领导下，紧紧依靠人民群众，进行了艰苦卓绝的三年游击战争。在国民党军队惨无人道的"清剿"中，许多著名的革命志士如何叔衡、瞿秋白等牺牲在福建境内。福建地方党组织依靠人民群众坚持开展游击战争，在和党中央失去联系的情况下，艰难开辟了闽西、闽粤边、闽北、闽东、闽中、闽赣边6个游击区，占南方8省15个游击区的三分之一强，保持了中国革命在南方的重要战略支点。1937年7月7日，卢沟桥事变爆发，中华民族全面抗战开始。在民族危亡的关键时刻，福建各游击区党组织根据中央指示，与国民党地方当局进行和谈，积极推动国共第二次合作在福建的实现。抗日战争时期，在中国共产党抗日民族统一战线的旗帜下，全国各界、各阶层民众掀起了轰轰烈烈的抗日救亡运动。1938年5月，福建省政府内迁永安，大批共产党员、革命知识分子和爱国民主人士汇集于此，使永安成为东南抗战文化的中心。进步文化活动涉及政治、经济、军事、文学、艺术、新闻、教育等社会科学的各个领域。出版物之多，作者阵容之大，内容之广，战斗性之强，斗争之激烈，在东南各省独一无二。当年在永安各进步刊物发表作品和出版专著的著名作家、学者，有100多人，其中郭沫若、王亚南等人的一些名著，以及羊枣的军事时事论文，在国内外享有盛誉。1938年初，近5000名福建红军游击队员整编为新四军北上，在抗日战场上取得200多次战斗胜利，被誉为"南方的模范队伍"。

习近平同志指出，"福建是革命老区，党史事件多、红色资源多、革命先辈多。"红色文化资源丰富出彩且亮点突出，革命旧址等革命文物足以充分证明。福建的革命遗址涵盖新民主主义革命的各个时期，又以五四运动到土地革命战争时期为最密集。据现有统计，全省共有革命遗址2502处，其中重要历史事件和重要机构旧址、重要历史事件及人物活动纪念地两类遗址合计有1834处，占革命遗址总数的73%。2021年以来，公布了全省两批革命文物名录，共登记有不可移动革命文物1831处，可移动革命文物143033件（套），数量均居全国前列。

革命文物无疑是福建最闪耀的红色符号与精神座标。

古田会议旧址（黄海 摄）

# 古田会议会址

1929—1930

第一批

龙岩市上杭县古田镇溪北村

古田会议会址群是与古田会议这一重要历史事件相关的系列革命史迹，包括位于龙岩市上杭县古田镇的古田会议会址、红四军前委机关和政治部旧址—松荫堂、红四军司令部旧址—中兴堂、毛泽东《星星之火，可以燎原》写作旧址—协成店、上杭县蛟洋镇的中共闽西"一大"旧址—文昌阁、连城县新泉镇的红四军前委机关暨政治部旧址—望云草室、工农妇女夜校旧址—张家祠、红四军司令部旧址—于溪公祠、士兵调查会址—新屋里、农民调查会旧址—愧山公祠、连南区革命委员会旧址—张氏家庙等11处全国重点文物保护单位。

1929年12月红四军进驻连城新泉，开展政治和军事整训，召开各种调查会。下旬，红四军进驻上杭古田镇，于12月28日到29日，在上杭古田曙光小学召开了中国共产党红军第四军第九次代表大会（即古田会议）。毛泽东、朱德、陈毅等主持会议并在会上作了相关报告。会议通过了毛泽东起草的党和军队建设的纲领性文献——《古田会议决议》，选举产生了以毛泽东为书记的红四军前敌委员会。

红色印记 革命遗址篇

古田会议旧址内景（严宏霞 摄）

上杭县古田会议旧址风景区（林建德 摄）

位于上杭县古田会议旧址风景区的毛泽东塑像（林建德 摄）

连城新泉工农妇女夜校旧址——张家祠

毛泽东当年在望云草室的办公室（吴军 摄）

建于清嘉庆十年（1805）的中兴堂是红四军司令部旧址。1929年12月，朱德、毛泽东、陈毅等率领红四军进驻古田，红四军司令部就设在这里（赖小兵 摄）

上杭蛟洋文昌阁位于上杭县蛟洋村，建于清乾隆六年（1741年），1929年7月中共闽西一大在此召开，毛泽东、张鼎丞、邓子恢出席此会议（崔建楠 摄）

福建省苏维埃政府旧址——汀州试院（长汀县博物馆 供图）

# 长汀革命旧址

1929—1933

第三批

龙岩市长汀县城关

长汀革命旧址位于龙岩市长汀县汀州镇，包括福建省苏维埃政府旧址——汀州试院、中央红色医院前身——福音医院旧址（含休养所）、红四军司令部和政治部旧址——辛耕别墅、福建省职工联合会旧址——张家祠、中共福建省委旧址（周恩来旧居）——中华基督教堂、长汀县革命委员会旧址——云骧阁等 6 处重要革命旧址。1929 年 3 月至 1933 年 11 月，中国工农红军及中共领导人毛泽东、周恩来、朱德、刘少奇、陈毅等，先后到长汀进行革命活动，建立革命政权，在长汀城内留下了大量革命史迹。

福建省苏维埃政府旧址（赖小兵 摄）

福音医院旧址

1929年3月下旬，长汀各界民众代表大会在云骧阁召开，选举产生了中央苏区第一个在共产党领导下由劳动人民当家作主的县级红色政权——长汀县革命委员会（赖小兵 摄）

1929年，朱德、毛泽东、陈毅等在辛耕别墅召开了红四军前委扩大会议，确定了开辟中央革命根据地的战略方针

中共福建省委旧址，周恩来旧居——中华基督教堂（谢何平 摄）

# 临江楼

1929

第七批

龙岩市上杭县临江镇临江路 52 号

临江楼始建于清末，占地面积 465 平方米，共三层，砖木结构，骑楼式建筑风格，正中为通体小天井。1927 年夏至 1928 年春经改建，在其正立面一层和二层走廊上方各建造三个石砌藻饰的拱形廊檐。楼原为本地商人经营油、盐、米、豆生意而开设的广福隆货栈；后改设为酒楼，因面临汀江，故改名为临江楼。

1929 年 10 月上旬，毛泽东从永定合溪来到上杭，与朱德和红四军会合，居住在临江楼二楼东厢房，在二楼前厅接见了红四军纵队司令胡少海、纵队政治部主任谭震林和闽西特委领导人邓子恢、上杭县肃反委员会负责人傅柏翠等，指示他们做好地方政权建设工作。时值重阳佳节，毛泽东在此构思成篇了著名诗词《采桑子·重阳》。临江楼是毛泽东指导闽西党组织开展土地革命斗争，进一步巩固和发展闽西根据地历史见证，具有重要的历史价值。临江楼建筑典雅，是客家建筑元素与西欧建筑元素的巧妙组合，也是一座居家与商业双重功能的实用建筑。

上杭临江楼是毛泽东指导闽西党组织开展土地革命斗争，进一步巩固和发展闽西根据地历史见证

《采桑子·重阳》木刻（赖小兵 摄）

临江楼二楼（赖小兵 摄）

# 歪嘴寨闽粤边区乌山游击队指挥部旧址

1929—1937
第八批
漳州市诏安县金星乡湖内村长田自然村

歪嘴寨闽粤边区乌山游击队指挥部旧址坐北朝南，东、西、北三侧至外山墙墙体，南侧至前埕最外围，建筑面积 1038 平方米，土木结构，楼高二层，屋顶寨墙高 1.5 米，平面方形后两角转圜，外墙用三合土高筑，二层及外墙升高部分均遍布枪眼射击孔，具有典型的防卫功能。

土地革命战争（含南方三年游击战争）时期，歪嘴寨所在的湖内村（俗称下涂村），是闽粤边区红军游击队活动的腹心地带，歪嘴寨是闽粤边区乌山红军游击队指挥部和闽粤边区特委的重要活动据点。1930—1935 年，歪嘴寨是中央红色交通线中一个重要站点。解放战争时期是闽粤赣边区纵队第八（闽南）支队的主要游击根据地。

歪嘴寨闽粤边区乌山游击队指挥部旧址是中国共产党在闽粤边区坚持土地革命战争的实物见证，具有重要的历史价值。

歪嘴寨是长田沈氏聚族而居的楼寨（福建省文物局 供图）

歪嘴寨是乌山游击队指挥部和闽赣边区闽南支队的重要活动据点（福建省文物局 供图）

# 厦门破狱斗争旧址

1930
第六批
厦门市思明区思明南路 451 号

厦门破狱斗争旧址始建于清代乾隆三十年（1765），初为厦门海防同知署关押犯人之所。1912 年，厦门设思明县时改为思明县监狱。1930 年 3 月，为纪念北京三一八惨案，中共厦门市委领导的厦门反帝大同盟举行纪念大会，国民党当局逮捕了近 20 名共产党人和进步人士，关押在思明监狱内的"政治犯"增加到 40 余人。

中共福建省委为营救这些面临被杀害的同志，决定采取武装破狱行动，并于当年 3 月成立了由省委书记罗明、军委书记王海萍、组织部长谢景德、团省委书记王德、军委秘书陶铸组成的破狱委员会，领导破狱斗争。1930 年 5 月 25 日上午 9 时，陶铸指挥特务队武装袭击，打开牢门，救出同志，破狱行动仅十几分钟就胜利完成了预定计划；冲出监狱的40 多位同志由谢景德领导的接应队带领，乘坐两只木船到同安珩厝和彭厝暂时隐蔽、休整之后，秘密转移到闽西革命根据地。国民党警卫队及狱卒死伤 6人，而我方无一人伤亡，破狱斗争取得重大胜利。

厦门破狱斗争旧址（石小文 摄）

思明监狱旧址（石小文 摄）

# 闽西工农银行旧址

1930
第七批
龙岩市新罗区东城街道下井巷

闽西工农银行旧址位于龙岩市新罗区东城街道下井巷，建于 1927 年。坐北朝南，单体四层骑楼式砖木结构，占地面积 132 平方米。

旧址原为龙岩商人李连斋开设的布店。1930 年 9 月，闽西苏维埃政府在此建立闽西工农银行，同年 11 月 7 日正式开业。先后发行了股金收据和纸币，是闽西革命根据地内流通的与大洋等值的有效证券。

闽西工农银行是中央革命根据地较早建立的红色金融机构，在打破国民党反动派的经济封锁、调剂金融、缩小剪刀差、稳定苏区经济等方面发挥了重要的作用，具有较高的历史价值。闽西工农银行的主要创办者、领导者，如曹菊如、赖祖烈以及曹根全、黄亚光等，后来成为中华苏维埃共和国国家银行重要领导人和中国人民银行的主要领导人，他们当年的革命实践，在中国红色金融史上留下了极其重要的一页。

闽西工农银行旧址（泉利布店）全景（陈小玲 摄）

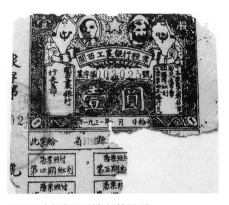

闽西工农银行印刷发行的股票

# 中央红色交通线旧址

1930—1934

第八批

龙岩市永定区、长汀县，广东省汕头市金平区

1930 年，中央交通局开辟了一条由上海经香港、汕头、永定、上杭、长汀到达江西瑞金的秘密交通线，为中央苏区护送了多名高级领导干部，传送了大批重要文件、情报，输送了大量的紧缺物资。

中央红色交通线纪念馆

隐匿在崇山峻岭中的伯公凹交通站
（邹广敦 摄）

伯公凹交通小站是中央红色交通线
的入闽第一站，为了保障红色交通
线的顺畅，伯公凹涌现了许多英雄
事迹（赖小兵 摄）

金砂乡的古木督中央红色交通线，
为中央红军的发展壮大做出了不可
磨灭的贡献（赖小兵 摄）

# 建宁红一方面军领导机关旧址

1931—1932
第六批
三明市建宁县溪口镇溪口街 45 号、濉城镇荷花宾馆内

建宁红一方面军领导机关旧址——总政治部旧址坐北朝南，是一座带回廊的两层木结构白灰墙的楼房，建筑面积为 403.85 平方米，占地面积为 832.75 平方米。

1932 年 10 月 18 日，朱德总司令、周恩来总政委率领中国工农红军第一方面军攻克了建宁、黎川，19 日又攻克了泰宁，取得了"北线大胜利连克三城"的战绩。建宁攻克后，周恩来率领红一方面军总政治部、中革军委进驻于此。二楼东面厢房内为周恩来住处，北厢房为红一方面军政治部主任杨尚昆住处，南厢房为警卫室，靠西的两间厢房为机要室，二楼前大厅为前敌总指挥作战室。一楼为中革军委及红一方面军政治保卫局。1933 年 12 月，周恩来率红一方面军总政治部离开建宁。

建宁红一方面军领导机关旧址——总司令部、总前委旧址原为一座砖木结构、略显西式风格的天主教堂。坐西朝东，分前后两部分，前部为两层楼房，建筑面积 244.76 平方米，呈"凸"字形，凸出部为教堂钟楼，两层楼房设有 8 间房间；后部为礼堂，建筑面积为 285.10 平方米，内有阁楼式厢房一间，耳房两间。前部楼房的二楼外廊与后部礼堂的厢房由一桥廊相连，前部楼房前置围墙设大门，使前后两部分成为一整体。

红军第一方面军总政治部旧址（周志鸿 摄）

建宁是全国重点中央苏区县之一，在红军五次反围剿过程中，毛泽东等老一辈无产阶级革命家都在此生活
战斗过，目前县城还保留有红一方面军领导机关、红军三总部、红军医院、红军银行、红军兵工厂等许多
革命历史遗址遗迹（崔建楠 摄）

# 中国工农红军东路军领导机关旧址

1932

第六批

漳州市芗城区胜利西路 118 号

中国工农红军东路军领导机关旧址（含芝山红楼、东路军总部旧址和政治部旧址）三处 4 幢纪念建筑物，位于漳州市芗城区胜利西路 118 号市政府大院内，总占地面积 2000 平方米左右。

1932 年 4 月初，毛泽东同志以中华苏维埃共和国临时中央政府主席和中央革命军事委员会委员的身份率领由中国工农红军一、五军团组成的东路军东征漳州，取得漳州战役的重大胜利。4 月 20 日顺利进入漳州城，随后分兵各地，宣传抗日，发动群众，壮大革命武装，在中国革命史册上写下了光辉的一页。1957 年 8 月，经福建省人民委员会批准，将毛主席居住过的"芝山红楼"辟为毛主席率领红军攻克漳州纪念馆。1992 年，在纪念馆左前方建立"中国工农红军东路军攻克漳州纪念碑"，原东路军政委聂荣臻题写碑名。

"芝山红楼"原是浔源中学校长楼，1932 年 4 月 20 日中国工农红军东路军攻克漳州后，成为毛泽东同志居住和工作地，进漳红军也曾多次在这里举行重要会议和活动（李晋泰 摄）

东路军政治部旧址（福建省文物局 供图）

东路军司令部旧址（福建省文物局 供图）

毛泽东才溪乡调查旧址（林斯乾 摄）

# 毛泽东才溪乡调查旧址群

1933

第七批

龙岩市上杭县才溪镇下才村

毛泽东才溪乡调查旧址包括才溪区苏维埃政府旧址、才溪区工会旧址、光荣亭、列宁台。才溪区苏维埃政府旧址和才溪区工会旧址毗邻，原各为才溪王氏地主宅居。1929年才溪农民暴动成功后，才溪区苏维埃政府和才溪区工会分别在此办公。随后，才溪在民主建政、经济建设、扩红支前等方面取得优异成绩，成为全苏区第一模范区。

1933年11月下旬，为总结推广才溪革命根据地建设经验，毛主席第三次深入才溪进行社会调查。当时毛主席住在区工会东厢房，在才溪区苏维埃政府召开了区委书记、区苏主席及各部部长会议，在才溪区工会召开了工人代表、贫农代表和耕田队长等调查会，并写下了著名的《才溪乡调查》。

毛泽东才溪乡调查旧址内景（林建德 摄）

列宁台（赖小兵 摄）

才溪乡光荣亭（蓝善祥 摄）

毛泽东在《才溪乡调查》中提出"没有调查没有发言权"的著名论断（赖小兵 摄）

才溪区苏维埃政府旧址（焦红辉 摄）

# 红九军团长征出发地

1934
第七批
龙岩市长汀县南山镇中复村观寿公祠

松毛岭战斗指挥部旧址暨红军长征出发地之一——观寿公祠，位于长汀县南山镇中复村，建于清初，坐东北朝西南，砖土木结构，厅堂式建筑，占地面积 314.16 平方米，整座建筑由门楼、前厅、天井、两廊、正堂所构成，正堂面阔三间，抬梁穿斗式混合结构，悬山顶。门楼为五凤楼，现建筑保存完好。

1934 年 9 月，国民党为"围剿"苏区，以数倍于我的兵力向中央苏区东大门松毛岭发起猛烈攻击，红九军团、红二十四师和近万名闽西地方武装为保卫苏区，掩护红军主力转移，浴血奋战在松毛岭上，指挥部就设在这里。

1934 年 9 月 30 日，红九军团等撤离阵地，在中复村观寿公祠前举行誓师大会，告别乡亲，开始了举世闻名的二万五千里长征。

松毛岭战役红军指挥部旧址、红军长征出发地——观寿公祠，位于龙岩市长汀县南山镇中复村（张玉宝 摄）

观寿公祠是红九军团誓师大会之地

# 永安抗战旧址群

1938—1945
第七批
三明市永安市吉山村、文龙村复兴堡及永安文庙

永安抗战旧址群包括吉山村萃园、上新厝、棋盘厝、材排厝、团和厝、燃藜堂、大夫第、渡头宅、刘氏宗祠、刘氏祖屋，文龙村复兴堡及永安文庙。永安是福建现存抗战文化遗存最多、最集中、内容最丰富的地方。1938年5月至1945年10月，福建省政府约155个行政机关、司法机构、学校等单位迁至永安，一批中共党员、文化名人、台湾同胞、爱国进步人士云集于此。

永安是福建现存抗战文化遗存最多、最集中、内容最丰富的地方

日寇轰炸永安投弹处（罗联永 摄）

地处永安市燕西街道文龙村的复兴堡（国民党
中央直属台湾党部旧址）外景（罗联永 摄）

抗战时期的省主席防空洞（罗联永 摄）

## 张山头红军墓群

1928—1935
第八批
南平市武夷山市洋庄乡小浆村张山头自然村

张山头红军墓群位于武夷山市洋庄乡张山头自然村。在 280 余亩
林地中，埋葬 1928-1935 年来自闽浙赣三省 22 个县市，在张山
头闽北红军医院不治的红军战士。经文物部门调查，共发现红军
墓葬 1300 余座。墓葬呈原始状态，均为一次葬。表面观察均为
土堆墓，墓冢低矮，平面呈长条状，墓顶封土呈弧形，墓前干砌
少量青薄砖或石块作为封门，实为墓冢标志。其中东坑头山上内
有"红军墓""三一年立"字样和五角星刻石墓碑一方。虽墓式
简易，但具备墓葬基本元素，保持了红军战士应有的尊严。墓主
人除了明确时任红军医院院长王日华一人外，其他均是无名者。

张山头红军墓群是全国罕见的红军墓群，是闽北红色革命史迹的
重大发现，是闽浙赣三省红色革命的重要见证。集中体现了革命
斗争的残酷性与艰巨性，对于苏维埃时期革命斗争、红色政权存
续、红军卫生史、葬俗和葬制的研究具有重要意义。

张山头红军墓碑

张山头红军墓群是全国罕见的红军墓群，是闽北红色革命史迹的重大发现，是闽浙赣三省红色革命的重要见证（邱汝泉 摄）

# 目录索引

# 文物遗产

截至 2022 年 5 月，福建全省共登记不可移动文物 33251 处。除正文所列全国重点文物保护单位 169 处，还有省级文物保护单位 942 处，县（区、市）级文物保护单位 5100 余处。此外，有国家考古遗址公园 2 个、立项 3 个，省级考古遗址公园 11 个、立项 7 个。

## 考古遗址公园

**国家级：**

万寿岩考古遗址公园

城村汉城考古遗址公园

德化窑考古遗址公园（立项）

永春苦寨坑考古遗址公园（立项）

明溪南山考古遗址公园（立项）

**省级：**

昙石山考古遗址公园

东溪窑（南靖、华安）考古遗址公园

德化窑考古遗址公园

永春苦寨坑考古遗址公园

将乐岩仔洞考古遗址公园

明溪南山考古遗址公园

浦城猫耳山考古遗址公园

平潭壳丘头考古遗址公园

晋江金交椅山窑考古遗址公园

建瓯北苑御焙考古遗址公园

建阳建窑考古遗址公园

漳平奇和洞考古遗址公园（立项）

平潭海坛海峡水下考古遗址公园（立项）

福州新店古城考古遗址公园（立项）

泉州南外宗正司考古遗址公园（立项）

安溪青阳下草铺考古遗址公园（立项）

三明中村窑考古遗址公园（立项）

平和南胜窑考古遗址公园（立项）

## 年度全国十大考古新发现

福建三明万寿岩遗址（2000 年度）

福建浦城猫耳山商代窑址群（2005 年度）

福建浦城管九村土墩墓（2006 年度）

福建漳平奇和洞遗址（2012 年度）

福建永春苦寨坑原始青瓷窑址（2016 年度）

## 大遗址保护利用"十四五"专项规划

万寿岩遗址

平潭壳丘头遗址群

城村汉城遗址

德化窑遗址

## "考古中国"重大项目

南岛语族起源与扩散研究

## 百年百大考古发现

福建三明万寿岩遗址

福建昙石山遗址